小学館文庫

小栗上野介抹殺と消された「徳川近代」

幕臣官僚がデザインしたもう一つの維新

原田伊織

小学館

●本書は、2019年２月に小学館より刊行された『消された「徳川近代」明治日本の欺瞞』に加筆修正し、文庫化したものです。

●カバー写真／遣米使節の一員としてアメリカを訪れた小栗ら一行。海軍の造船所前での記念撮影。前列右からふたりめが小栗（東善寺蔵）。

小栗上野介抹殺と消された「徳川近代」

～幕臣官僚がデザインしたもう一つの維新～

序章

徳川近代という時代の存在

江戸時代を「近世」、明治以降令和の今日までを「近代」とすることは、歴史学の常識として確立している。

但し、「中世」や「近代」という時代区分は日本史、世界史に共通して使われるが、「近世」という区分だけは日本史においてしか使わないのが大勢としての常識である。

私自身、これまでの著作においてこれに従い、日本史を特徴づける「近世」の重要性についてさまざまに述べてきた。

「徳川近代」という時代呼称は、私の勝手な造語である。しかし、本書は、そのような造語を掲げて歴史区分について何らかの提言を試みるものではない。

結論を先に述べておくと、本書は、我が国に実質的な「近代」という時代をもたらしたのは、私たちが江戸時代と呼んでいる時代の政権、即ち、徳川政権であったという歴史事実を確認しておこうとするものである。

尤《もっと》も、徳川政権の治世は二百七十年近くに及び、その安定して平和な時代の日々を積み重ねた長さは、現代の超大国アメリカ合衆国建国以来の歴史に匹敵する。更に、薩摩・長州の書いた官軍正史を盲目的に信じている多くの現代日本人の歴史認識では明治新政権発足以降を「近代」としており、それに従えば、我が国の「近代」とはたかだか百五十年強に過ぎず、言い方を換えれば、それは江戸期のようやく半分強にしかならないのである。

そもそも明治以降を近代社会と位置づけてきた私たちは、その位置づけに際して何を基準としてきたか。近代の定義について社会的なコンセンサスを成立させて、それを行ってきたか。学者の論文の世界を別にして、そのような事実はないのだ。

要するに、私たちが基準としてきたもの、要件としてきたものは、西欧列強が実現させた機械化、工業化という自然科学上の指標のみであったのではないか。いや、自由民権という概念があった、立憲制という概念もあったという反論があるかも知れない。しかし、断定的に述べるが、それらはあの世替わりに際して付随的なものであって決して主軸となる現象ではなかったはずである。

自由民権ということについては、むしろ大きな誤解がある。

「西南の役」を経て後盛んとなった明治の自由民権運動とは、薩摩閥、長州閥によって確立した「藩閥政府」に対する、政争に敗れた土佐閥を中心とする勢力の反政府運動であった。決して、純粋な思想上の目覚めによって巻き起こった運動ではなく、武力による抵抗の不可能を悟った反薩長勢力が「自由民権」というスローガンを掲げて薩長の「有司専制」に抵抗の姿勢を示した、どこまでも新政権に対する抵抗運動に過ぎないのだ。従って、この運動もまた、維新政争の一部と理解すべきものである。「明治六年政変」によって西郷隆盛、板垣退助たちが下野して後、各地の不平士族に反乱の機運が盛り上がり、その一部が実際に武力蜂起したことは周知の通りである。その最後の大反乱が「西南の役」であると位置づけることができるだろう。

自由民権運動は、武力蜂起して敗れた不平士族が核となった、一種の政争としての反政府運動であったとはいうものの、勿論本来の意味での自由民権を目指した動きがなかったわけではない。

例えば、一般の理解を超えているかも知れないが、「西南の役」にはあの宮崎八郎が参戦しているのだ。勿論、薩軍として、である。

蛇足と知りつつ、念のため略述しておくと、宮崎八郎とは肥後荒尾村の郷士《ごうし》宮崎家の次男で、中江兆民の影響を強く受けた自由民権主義の先駆者である。弟の宮崎民蔵《たみぞう》、弥蔵、寅蔵は兄八郎の影響を受けてアジア革命、民権運動に身を投じ、宮崎三兄弟と称された。寅蔵とは、宮崎滔天《とうてん》のことであり、孫文の「辛亥《しんがい》革命」を支援した宮崎滔天といえば、多くの方がその名ぐらいは知っているだろう。

かつては、自由民権といえば、かの二本松・会津を蹂躙《じゅうりん》した、先述した板垣退助を筆頭とする土佐人たちの運動のことを指していたが、繰り返すが、板垣たちの〝自由民権〟とは、建前としての表看板に過ぎず、実態は長州・薩摩閥に政権を牛耳られた土佐勢力の政権に対する反抗であった。平たくいえば「幕末時の協力を忘れたか！　自分たちにも分け前を寄こせ」という俗っぽい政争に過ぎないのである。

宮崎八郎の説く自由民権は、そういう板垣たちの紛《まが》い物とは根が全く違う。彼は、純粋に自由な社会と人民による議会政治が実現することを西郷に賭けた。唯その一点において、肥後の民権家たちを組織して「熊本協同隊」を結成し、隊長として薩軍に身を投じたのである。桐野利秋隊に合流した宮崎は、熊本県八代市萩原堤《はぎわらづつみ》あたりの戦闘で戦死した。誠に残念なことではあるが。宮崎八郎は西郷という人物を見誤っていたといわざるを得ない。

結局、「明治近代」を画期的に特徴づける表向きの要因として、身分制の否定を含む自由民権といった近代社会の要件と考えられている概念の成立を目指したなどという社会的ムーブメントは、存在しなかったのである。私たちは、あくまで工業化、機械化という側面で時代を区切っているのだ。「富国強兵」「殖産興業」という政治スローガンが、端的にそのことを物語っている。

本書は、このことの是非を論じるものではない。工業化、機械化ということが「大量規格生産」へと発展するには、封建的身分制の消滅やいわゆる市民社会の成立が背景として不可欠になるのである。分かり易くいえば、国民社会、市民社会の成立そのものやそれを支える諸概念は、並行して、或いは後からくっついてくるということなのだ。

私は、明治維新が「国民」を創ったとする司馬遼太郎氏の麗しい誤解を機会あるごとに否定してきた。司馬氏の誤解は、討幕勢力が何らかの理念をもち、それによって討幕という政治行動を遂行したことを前提としているから起きることであって、実はこの前提が間違っているのだ。

明治維新という一連の軍事クーデターとそれに伴う混乱の末に生まれた「明治近代」という時代の前期（大東亜戦争敗戦までの約八十年間）に創られたものは、「国民」ではなく「皇民」である。このことを歴史認識として明確にすることなく放置しておいたからこそ、今日令和に至るまでの「明治近代」という時代の政治的貧困は未《いま》だに克服できていないのではないか。

私たちは、富国強兵や殖産興業という国策を、明治近代を担うことになった明治新政府の輝かしい国是として教え込まれてきた。確かに、工業化、機械化という側面で西欧文明の優位を認め、それを徹底的に模倣しようとした明治新政府というものを理解するには、この教えは間違いではない。そして、このことに拠《よ》って立ち明治以降を我が国の近代としてきたことも、一般認識としては否定できないであろう。

ところが、富国強兵や殖産興業という近代化政策を推し進めたのは末期の徳川政権なのだ。明治新政府は、徳川政権によって既に敷かれていたそのレールの上を、討ち果たした徳川政権に代わって走り出しただけに過ぎない。更に、旧幕臣が伴走することによって走れたという事実も、明治新政府の近代化施策の実態として指摘しておかなければならない。

つまり、近代化ということをほぼ物質文明の側面に限って観察すれば、明治の近代化とは徳川の近代化方針や施策がなければ成立していなかったということなのだ。

時代の過渡期にはこのような現象があって当然だ、前時代に新時代の萌芽が生まれているのは当たり前だという反論が必ず出るだろう。ところが、ここで述べている徳川の近代化方針や施策というものは、そのような一般論の域を超えているのだ。

即ち、徳川末期に「徳川近代」という時代が現出し、その近代化の方向がそのまま明治新政府の走るレールとなったことを明らかにすると、明治維新という出来事の検証も、明治の近代化の実態も、雲が晴れるようにかなり鮮明になってくるのである。幕府海軍の存在なくして明治近代の聯合《れんごう》艦隊は存在せず、小野友五郎による鉄道網の青写真なくして今日の新幹線網は考え難いのだ。

徳川政権末期の徳川近代という時代の存在は、明治新政権が政治的に江戸期を全否定することによって土中深く埋め去られてしまった感がある。本書は、この徳川近代を掘り起こすことによって、我が国の近代化のスタートをフラットに観察しようとするものである。

そして、徳川政権を支える立場にあって徳川を超越してそれを断行した個人にスポットライトを当てて、語り継ぐべきその奮闘といってもいい足跡を明らかにしておきたい。

明治維新三部作（※）によって、既に明治維新という出来事が、想定された社会の変化に照らして民族としての大きな過ちであったことを確信している私としては、徳川近代と明治近代を今更比較しようとするものではない。ただ、明治維新という出来

※『明治維新という過ち』『列強の侵略を防いだ幕臣たち』『虚像の西郷隆盛 虚構の明治150年』（共に講談社文庫）

事が過ちであったことを、改めて補強する面はあるかも知れない。

そのことよりも、徳川近代を担い、支えた先人の存在を埋められたままに放置しておくことはできないのだ。彼らもまた、長い時間軸を引いて歴史を検証しようとしている今、その時間軸の上に登場すべき存在であると考えるのである。

林復斎《ふくさい》、岩瀬忠震《ただなり》、水野忠徳《ただのり》、川路聖謨《としあきら》、小栗忠順《ただまさ》、竹内保徳《やすのり》、栗本鋤雲《じょうん》、小野友《とも》五郎《ごろう》、柴田剛中《たけなか》、田辺太一《やすかず》等々、徳川近代を支えた人材は実に豊富であるが、その殆どは薩摩・長州政権によって土中深く埋め去られているといってもいい。私たちが慣れ親しんできた官軍正史では、西郷隆盛、木戸孝允《たかよし》、大久保利通を「維新の三傑」と称しているが、先の面々の中にこの三人を並べてみると、その政治・外交的識見という面で明らかに見劣りするのは、明治維新という出来事の性格からして仕方のないことであろう。

本書では、できるだけ多くの徳川近代人に言及する心算であるが、薄く、広く扱うと徳川近代という時代の実相が理解しづらくなる恐れもあり、直参旗本小栗上野介忠順と岩瀬忠震、笠間藩士上がりの小野友五郎を軸にして話を進めてみたい。

「明治（維新）百五十年」を強くアピールすることに躍起となった政権があったこと

は記憶に新しいが、政権はその記念イベントや祝典の実施・開催状況を全国の自治体に逐一報告させることによって何とかこれを盛り上げようとし、例によってメディアもまるで共催者のような情報発信を行っていた。そういう中で、同年のフランス独立記念日のパレードに初めて自衛隊が招待され、陸上自衛隊員七名が日章旗を掲げてパレードの先頭を行進した。これは、日仏両国が外交関係をもって百六十年になることを名目としたものであるが、このことを知っている人はどれほどいただろうか。

明治百五十年と日仏修好百六十年。身近なところに徳川近代を考える素材が存在するのだが、僅か百五十年強という我が国の近代においてメディアが健全であった時代はあったのか。果たしてこの日章旗は、列強と渡り合った徳川直参たちの目にはどのように映っていることであろうか。

第一章

咸臨丸と小野友五郎

1　太平洋を横断した咸臨丸のウソ八百

幅広く信じられてきた虚偽の幕末史の代表的なお話の一つに、咸臨丸《かんりんまる》と勝海舟のことがある。この一事に、維新動乱史を決定づける悪質な虚偽がふんだんに盛り込まれているので、まず咸臨丸のことから本論に入りたい。

咸臨丸といえば、私どもの世代は、勝海舟に指揮されて初めて日本人自身の力で太平洋を横断するという偉業を成し遂げた軍艦として教え込まれ、明治維新を彩る麗しい物語の主要な一部分として揺るぎない存在であった。そして、咸臨丸と勝海舟は、常にセットで語られ、讃えられてきた。

しかし、簡略に述べたこの叙述は、咸臨丸が太平洋を渡ったこと以外はすべて〝でたらめ〟である。昨今はようやく、この物語の一部の虚偽が指摘されるようになってきたが、その指摘そのものがまだまだ多くの虚偽をベースにしていることが多く、咸臨丸太平洋横断について正しい全容が根付くまでには、まだ何度かの政権交代が必要であろう。

咸臨丸という船は、幕府がオランダから購入した、初期の幕府海軍としては外輪船軍艦観光丸に次ぐ二番艦である。木造三本マストの船で、艦種は蒸気コルベット艦に分類される。

コルベット艦とは、砲甲板をもつがフリゲート艦より小さい艦を指し、通常帆柱《ほばしら》は三本である。十七世紀半ばにイギリスで生まれた頃は「スループ」と呼ばれ、「コルベット」という名称は、二、三十年後にフランス海軍が使い出したものだとされている。「スループ」と「コルベット」には、定義上の明確な差異基準がなく、イギリス海軍ではナポレオン時代になっても「スループ」という名称を使っていた。艦種としての「コルベット」という名称は今日も生きているが、現代では単に「フリゲート」より小さい艦を指していうことが殆どである。

コルベット艦咸臨丸は、全長五十メートル弱、幅九メートル弱、排水量は六二〇トン、百馬力の蒸気機関を備え、最大速度は六ノット、備砲は十二門であった。海軍や軍艦は勿論、船について述べる時は、速度を「ノット」で表現するのが普通であるが、六ノットとは大体時速十キロメートルと考えて差し支えない。

私の少年時代、琵琶湖を彦根から浜大津まで航行する遊覧船が約六百トンであった。傍《そば》で見ると、大きな遊覧船だという印象を受けた記憶があるが、排水量だけでは計れないものの、遊覧船に使う程度の船で太平洋を横断するというのは、確かに大変なことである。

　ここでは船の大きさや構造を述べることが本旨ではない。ただはっきりいえることは、そのような大変な航海を勝麟太郎《りんたろう》（海舟）が指揮できるわけがないということである。

　その前に、そもそも咸臨丸は何故太平洋を渡ることになったのか。

　安政五（１８５８）年六月十九日、日米修好通商条約が締結されたが、幕府はこの条約の批准書交換のために、安政七（１８６０）年正月、遣米《けんべい》使節を派遣した。正使新見正興《しんみまさおき》、副使村垣範正《のりまさ》、監察（目付）小栗忠順《ただまさ》という三使率いる使節団は、従者や賄い方を含めると七十七名という大所帯となり、アメリカ軍艦ポーハタン号に乗って渡米した。

鈴藤勇次郎作『咸臨丸難航図』
（横浜開港資料館保管）

　この時、これまで長崎で行ってきた海軍伝習技術を実地に生かす計画が立てられ、ポーハタン号の護衛を名目として幕府軍艦を派遣することになった。この軍艦が咸臨丸である。

　つまり、咸臨丸は、正規の使節団を乗せたポーハタン号の随伴艦という位置づけであり、幕府が「いい機会だから」というような心持ちで派遣したものである。正使一行に何かあった場合に代わって批准書交換を行うという〝代理〟の任を帯びていたなどといわれることがあるが、そういう事実はない。あくまでオランダ人から習った操船技術の実地訓練が目的であった。

　ただ一点、咸臨丸には別の使命が与えられていた。往路または復路に小笠原諸島に立寄り、諸島及び周辺海域の調査を行うことである。幕府は既に、米英との間で小笠原群島の領有権争いが発生することを予見していたのだ。このことについては、後述したい。

　ポーハタン号に乗った使節団を「万延《まんえん》遣米使節団」と呼ぶが、これは、対外協調路線に舵を切った幕府が公式に派遣した初めての対外使節団である。これに監察として小栗忠順が加わっている。

　小栗上野介忠順。彼こそが、江戸末期に現出した「徳川近代」とも呼ぶべき時代をリードした、誇り高き直参旗本にして傑出《けっしゅつ》した国際協調派ともいうべき、「徳川近代」を支えた主役の一人である。この使節団の正使はあくまで新見豊前守正興であったが、相手国アメリカ合衆国政府も新見以上に、この小栗忠順を重視した。

小栗についても当然後章で詳しく述べることになるが、「徳川近代」という時代は小栗という存在があってこそ成立するものであるといっても過言ではない。

ところが、薩摩・長州が徳川幕府を転覆させることによって成立した「明治近代」という時代とそれを支配した政権の誕生を麗しく叙述してきた官軍正史ともいうべきこれまでの歴史物語では、この「万延遣米使節団」を語るに際しても、咸臨丸を述べてもポーハタン号には一切触れず、勝麟太郎を英雄視しても小栗忠順は名前すら教えなかった。私どもは、義務教育の歴史教育で小栗のことも、正史新見正興のことも、教わったことは全くない。

「明治近代」百五十余年の歴史物語とは、それほど虚飾に満ち満ちているのだが、咸臨丸のことはその小さな一例に過ぎない。ところが、咸臨丸が派遣された経緯、勝という人物の実像、そもそも日米修好通商条約締結という事実とその背景を追い詰めていくと、明治近代の成立を麗しく語るこの壮大な虚飾の歴史そのものが根底から音を立てて崩壊するのである。

例えば、坂本龍馬のことはフィクションと史実の違いを明確に意識すれば、比較的容易に解決するだろう。この人物が日本の近代の魁《さきがけ》であったなどというお話は、もはやどこまでも、あまり質がいいともいえない〝お話〟の域を出ない。しかし、お話は〝お話〟の域に留めておけば罪はないともいえるのだ。

ところが、官軍正史の語る勝と咸臨丸にまつわるお話は、明治近代の「官」の中枢に直結するのだ。具体的には、「官」のイメージ形成を決定づけた代表的な大きな虚偽なのだ。

明治近代のスタートとなった明治新政権成立の歴史物語には、新政権のイメージ戦略ともいうべき三つの大きな虚偽が含まれている。

●京における桂小五郎と「勤皇志士」たちの活躍
●江戸を火の海から救った勝海舟と西郷隆盛の会談
●勝海舟率いる咸臨丸の、日本人による初めての太平洋横断

この三つである。勿論、明治（維新）百五十年などという歴史叙述そのものが大きな虚構であるから、三つを挙げるについても異論はあるだろう。ディテールの虚偽に至っては、うんざりするほど枚挙に暇《いとま》がない。しかし、私は、右の三つのお話こそが、

心理的にも明治近代の歴史の検証を拒んできた代表的な「虚飾に満ちたお話」であると確信している。

咸臨丸は、「万延遣米使節団」一行を乗せたアメリカ軍艦ポーハタン号の随伴艦であり、正使一行が帯びていた批准書交換のためというような外交的使命は何ももっておらず、主たる目的としてオランダ人から習った航海技術を実地に試すために太平洋横断を試みたものである。

そして、この船のトップは勝ではなく、木村摂津守喜毅《よしたけ》である。更に、咸臨丸を操船したのは、アメリカ海軍ブルック大尉以下十一名の米兵と元笠間藩士小野友五郎である。

では、英雄勝海舟は、航海中何をしていたか。特段、何もしていない。いや、技量、海事能力の問題で何もできなかった。三度だけ甲板に出てきたという証言はある。つまり、太平洋横断を成し遂げたという咸臨丸のお話は、ウソ八百で固められているのだ。

それでは次節で、この咸臨丸の航海をもう少し詳しく追ってみよう。

2　無能を露呈した「海軍の祖」勝海舟

いわゆる「戦前」のことになる。つまり、大日本帝国が、吉田松陰の主張そのままに、大東亜共栄圏を目指して対外膨張に躍起となっていた軍国日本の時代のことである。

明治新政権成立から約半世紀、背伸びに背伸びを重ねてきた我が国は、世界三大海軍国と自負するまでに海軍力を増強していた。他の二国とは、アメリカ合衆国と大英帝国である。

この英米を筆頭とする第一次世界大戦の戦勝国側、即ち、連合国側は、大戦後も軍備、特に海軍力の増強を推進しようとしていた。

平成も過ぎ令和ともなると自国の歴史についてもとんでもないことをいい出す「もの知り」が増えたので、念のため確認しておくが、日本は第一次世界大戦において軽微な損害を受けたものの、「漁夫の利」を得たといえる。

殆ど何もせず、戦勝国の果実のみを手にした格好であったのだ。敗戦国ドイツのもっていた対中国権益を引き継ぎ、南方に信託統治領を手にし、戦勝国連合である「国際連盟」の常任理事国となり、メディアに煽られた国民は「五大国」というフレーズに酔っていた。御一新以来続いていた、特に日露戦争以降顕著になった対外的な〝背伸び〟に現実の国力が追いついていないことに、官民挙げて目を塞いでいたのである。しかし、軍備増強＝軍拡が国家財政を圧迫するという現実は、日本だけでなく、大英帝国、アメリカ合衆国も同様であった。

例えば、アメリカの「ダニエルズ・プラン」、日本の「八八《はちはち》艦隊」構想などがその代表的な事例であるが、もし「八八艦隊」を構想通り実現させようとすれば、当時の国家予算の三分の一を要したといわれる。

因みに、「八八艦隊」構想とは、思い切り簡略に述べれば、「艦齢八年未満の戦艦八隻と巡洋艦八隻」を主軸として海軍戦力を整備するというもので、明治四十（１９０７）年に帝国国防方針として決定されたものである。最終的には大正九（１９２０）年、構想された全艦の予算が帝国議会を通過した。

当時の主力艦の運用年数は、二十四年とされていた。このことは非常に重要なポイントで、「八八艦隊」構想において主力の戦艦、巡洋艦の艦齢を八年未満とするということは、第一線に投入する艦を八年で第二線に回し、保有し続けるということになるのだ。即ち、帝国海軍は、四十八隻の主力艦を運用することになる。別の言い方をすれば、毎年二隻、新しい主力艦の建造を起工し続けるということなのだ。「八八艦隊」構想が成立した頃、既に海軍は「八八八艦隊」構想を抱いており、その場合は七十二隻の主力艦を保有し、そのために毎年三隻ずつ新造艦の建造を起工し続けるということになるのだ。陸軍であれ海軍であれ、正常なブレーキをもたない軍部というものは、果てしなき増殖を図るものである。

なお、予算が成立した時の内閣は原敬《たかし》内閣（原は在任中に暗殺）であったが、日露戦争以降この計画を推進してきた時期の内閣総理大臣は、西園寺公望《きんもち》（公家）、桂太郎（長州閥）、山本権兵衛《ごんのひょうえ》（薩摩閥）、大隈重信《おおくましげのぶ》（肥前閥）、寺内正毅《まさたけ》（長州閥）である。

余談ながら、明治時代の内閣総理大臣は、薩摩・長州・肥前と公家以外からは一人も出ていない。大正に入って登場した第十九代原敬内閣は、討幕勢力以外から出た初めての内閣であった。

お気づきであろうが、右の内閣総理大臣の内、桂太郎、山本権兵衛、寺内正毅は陸軍大将まで昇り詰めた軍人であり、討幕戦争を経験した西園寺公望、大隈重信も純粋な文人とはいい難い。我が国の政体は、議会を開設し、憲法を制定したそのスタート時点から、既に天皇を大元帥と位置づける軍国政体であったのだ。

このような歴代政権が、常に軍備拡張路線を採ったとしても何ら不思議なことではない。

西郷隆盛、大久保利通、木戸孝允を始祖とする伊藤博文、山縣有朋《やまがたありとも》たちの討幕戦生き残り組から始まる「藩閥政治」の担い手たちは、「殖産興業」「富国強兵」に励んだ麗しい明治時代史を自ら叙述したが、現実には「強兵」のみを追い求めたといってもいいだろう。

もともと「富国強兵」とは、徳川政権末期に登場した、「徳川近代」と呼ぶべき時代を担った一群の政権担当主流派の掲げた基本方針であった。何の時代構想、展望ももたずに、ただ討幕を目的として、それを果たして成立した明治新政権は、万事「徳川近代」の敷いた路線を走るしかなく、「徳川近代」の遺産、道半ばの計画、将来設計などをすべて引き継ぎ、模倣することになった。後にこれを明治新政権が創り、実現に向けて奮闘したという、露骨な偽りの歴史を記述したものが、今、私たちが知っている「明治百五十年」という官軍正史である。

さて、「富国強兵」というスローガンの「強兵」のみを追い求め、僅か五十年で「八八艦隊」を構想するまでになった軍国明治は、日露戦争を経て第一次大戦の戦勝国となったこともあって、一種の絶頂期心理を味わっていたように見受けられる。絶頂期がいい過ぎならば、少なくとも「安定期」を迎えたゆとり心理に支配されていたといえよう。それは、政権担当者以上に、メディアに煽られた一般大衆により強かったのである。

このような時期には、歴史を「振り返る」という心理が強くなるものである。それは「歴史の検証」ということとは全く異質であって、自らのルーツを探り、よくぞここまで昇り詰めたものだと自己満足する、自己肯定感を確認する心理に他ならない。「八八艦隊」を構想するような、世界三大海軍にまで強大となった我が帝国海軍、この始祖は誰であったのか。海軍において、このような「振り返り」が行われたとしても不思議ではない時代となっていたのだ。そして、この頃から「帝国海軍の父は勝海舟」であるということがいわれるようになったと観察できるのだ。

確かに、勝の経歴だけを概観すれば、そのように映るかも知れない。

勝は、長崎海軍伝習所の一期生であり、咸臨丸で航米したことは事実である。その後、軍艦操練所頭取、軍艦奉行、海軍奉行並と、海軍方の役職に就《つ》いている。但し、注意すべきことは、これらが「断続的」であるということだ。つまり、勝は、これらの役職に就いている時期と、それを解かれて非職の時期を繰り返しているのだ。

勝家は小普請組《こぶしんぐみ》、つまり、無職である。父小吉《こきち》もそうであったが、常に就職活動、猟官活動をする必要があった。幸いなことに、勝には父親譲りの巧みな弁舌能力、調停能力があった。彼は、弁舌と周旋《しゅうせん》能力だけで幕末を生き抜いたといっても、決して間違いではない。『氷川清話《ひかわせいわ》』に代表される勝の証言を史実とした学者や歴史家に非があるのであって、「ホラ吹き勝」といわれた勝のホラ話は、生来身についていた、生きるための彼の「性癖」のようなものと解すべきなのだ。

勝は、長崎海軍伝習所時代では学生長の一人を務め、オランダ人教官と伝習生の間を取りもったので、オランダ人教官の受けはよかった。ところが、肝心の学業の方は劣っており、留年させられている。

咸臨丸では、軍艦奉行木村摂津守喜毅の下、「教授方頭取」を務めた。この時の木村を「提督」とすれば、勝は「艦長」に相当する。

ところが、出港後直ぐに船酔いとなり、アメリカに着くまで三度しか甲板に出てこなかったといわれるほど船室に閉じこもったままであったという。勝は、出港前から病気だったと言い訳をしたこともあるようだが、それなら最初から乗船すべきではない。

木村喜毅の証言に依《よ》れば、太平洋の真ん中で「俺はこれから帰るから、バッテラを下ろせ」とダダをこねることもあったという。木村は、

「勝さんはただ船に酔ったというばかりでなく、つまり不平だったのです」

と回顧している。

何に対して不平であったのか。自分の上に木村が存在したことである。

こういう勝が、士官からは軽蔑され、水主《かこ》たちからも疎《うと》んじられたのは仕方のないことであろう。

咸臨丸が無事サンフランシスコに入港した際、アメリカ海軍は二十一発の礼砲を以て迎えた。当然、答礼を返すのが国際的な海軍マナーである。砲術方を兼務していた運用方・佐々倉桐太郎《ささくらとうたろう》が勝に答礼砲発射の許可を求めた時、勝は、失敗すると恥にな

勝海舟
(福井市立郷土歴史博物館蔵)

るから控えた方がいいと指示した。佐々倉が驚きつつも、答砲すべきであると食い下がると、勝は、やりたければ勝手にやれ、成功したら俺の首をやるといい放ったという。

己の技量に自信のない勝は、本当に失敗することを懸念していたのかも知れない。しかし、この時期の幕府海軍士官が礼砲発射に失敗するなどということは考えられないのだ。

勿論、佐々倉以下の士官たちは、無事に答礼の礼砲を発射した。佐々倉は、「今、勝麟の首をもらってもよいが、艦長として首がないと不便だろうから日本に帰り着くまで預けておこう」と声を張り上げ、士官たちを喜ばせたという。

要するに、口先だけで世渡りしてきた官吏に太平洋は横断できないということである。

では、咸臨丸は誰が操船していたのか。それについては、次節以降で述べたい。

司令官ともいうべき立場の木村喜毅は、パナマまで「ポーハタン号」に随行し、その先は咸臨丸を勝に任せて帰国させ、自らは正使新見たちと共にワシントンまで行く心算《つもり》であった。ところが、勝がこの有様では帰国航海を任せるのは無理と判断、そのまま自らが指揮してサンフランシスコから引き返した。

帰国後、勝は蕃書調所頭取助《ばんしょしらべしょ》に転属となったが、これは体よく海軍を追い払われたことを意味する。当然といえば当然だが、木村は、勝には海軍の適性なしと判断したのである。

文久二（1862）年、勝は軍艦操練所頭取に返り咲くが、これは、海軍のことが全く分からない大久保忠寛《ただひろ》に取り入り、大久保の推挙を得たことに由るが、軍艦操練所では、海軍に無能な者に頭取として来られても困るとして教授方が〝ストライキ〟を行うという騒動が発生している。

また、後世、後の海軍兵学校の基になったかのように語られる神戸の軍艦操練所も同様である。この操練所は確かに勝の運動で生まれた一面があるが、幕閣としては、元治元（1864）年三月、築地の軍艦操練所が火災に遭って機能しなくなったため、やむなく開設を認めたという経緯がある。

ところが、勘定方、海軍方双方から猛烈な反対が湧き上がり、半年ほどでこの施設は潰されてしまい、勝は解任、ここでの海軍教育は実質的に何も行われていない。坂本龍馬も登場する神戸の軍艦操練所にまつわるお話は、龍馬のためのフィクションである。

幕府の海軍教育は、安政二（１８５５）年、長崎西役所に置かれた養成機関から始まり、これが「長崎海軍伝習所」となり、安政四（１８５７）年四月には江戸・築地の講武所内に「軍艦教授所」が開設されて（安政六年に軍艦操練所と改名）、安政六年二月に長崎海軍伝習所は閉鎖された。幕府海軍士官の養成は、築地の軍艦操練所に一本化されたのである。これが、明治以降の海軍士官養成機関である「海軍兵学校」へと繋がっていくことになる。

海軍や船の扱いそのものに適正なしと判断されていた勝が、「八八艦隊」を構想するまでになった帝国海軍から、何故「海軍の祖」と崇《あが》められるようになったのか。

留年生であったとはいえ長崎海軍伝習所出身の勝は、咸臨丸で日本人自身の力で初めて太平洋を横断するという「偉業」を成し遂げた。日本人の手による初めての横断であったことは、勝自身が『氷川清話』で語っている。

現場教授の猛反発を受けたとはいえ、軍艦操練所頭取、軍艦奉行並にも任命されたことがあり、神戸軍艦操練所で指導に当たったともされてきた。そして、明治になって海軍卿に昇った。

こういう経歴が、勝が如何にも海軍畑で活躍したかのような誤解を与えた。これは、断定するが、どこまでも「誤解」である。

勝には、海軍の適性、もっといえば、軍人としての適性は全くなかったが、人にはない別の才能があった。弁舌能力とそれを生かした調停能力である。幕閣が必要としたのは、勝のこの能力であった。

そこで、勝の弁舌力、周旋力が必要となると取り立てるのだが、どこへ籍を置くかを考えると、もともと海軍方であったので海軍関係しかなかったのである。そして、用が済むと解任し、再び必要となると海軍方の何らかのポストに呼び出す。二度に渡る軍艦奉行並などはその典型で、一度目は四国艦隊の下関砲撃を中止させる交渉のためであり、二度目は長州再征をめぐって対立する会津と薩摩の調停を目的とした任命であって、いずれも失敗すると、勝はまた非職に戻ってしまうのだ。

明治になってから、同時代を生きた関係者からは「勝の本領は政治的な調停で、昔から海軍はただ籍を置いているだけ」ということをいわれていたようだ。確かに、その通りであった。

長州出身で、海軍兵学校卒、元海軍中尉藤井哲博氏は、『咸臨丸航海長小野友五郎の生涯』（中央公論社）において、次のように指摘している。

――後年、世の人に―海軍部内の人にすら―彼をして「日本海軍の父」と思い込ませるのに与《あずか》って力があったのは、彼の編集した『海軍歴史』である。これは実際には木村芥舟《かいしゅう》（元摂津守）と長崎海軍伝習所二期生出身の伴鉄太郎が史料を蒐集し、勝が編集に与ったものである。（中略）

これを史料として読むに当っては、若干の注意を要する。木村芥舟と伴鉄太郎が蒐集した原史料は信用できるが、勝が提供した自分自身に関する史料は原本そのままではないこと、およびその編集方法と彼の付け加えた解説の部分が混乱しているために難解となっていることの二点である。これは勝が実際海軍の仕事にあまり従事していなかったことを露呈し、また彼自身の海軍への関与を実際以上に見せようとする意図をもっていたことを物語るものだが、近年研究がすすみ、『勝海舟全集』の編集者などの気づかれた点は注記されているので、助かる。

この『海軍歴史』と晩年の彼一流の無責任な法螺《ほら》話とが、両々あいまって、史実と違う伝説を作りあげてしまったといわざるをえない。その最たるものが「咸臨丸の日本人単独運航説」などであろう。——

勝は『海舟日記』において、「猾邪《こうじゃ》の小人」「大邪」という言葉を使って、自分の気に入らない徳川官僚たちを名指しで罵倒している。

例えば、勝のいう「猾邪の小人」とは、小野友五郎、肥田浜五郎、木下謹吾などであり、「大邪」が小栗上野介忠順を指す。

幕府海軍を建設し、日本海軍の基を築いたのは、即ち、「徳川近代」を支え、我が国近代のベースを創ったのは、この小栗忠順、小野友五郎以下、勝が「猾邪の小人」「大邪」として罵倒した傑物たちである。

即ち、海軍の近代化、我が国の近代化という歴史を考える時、咸臨丸でその無能を露呈した勝海舟という存在は、無縁であるとして差支えないのである。

3　木村摂津守喜毅の覚悟

安政七（1860）年正月十九日、咸臨丸はアメリカに向けて浦賀を出港した。正使一行を乗せたポーハタン号が出港したのは、三日後の正月二十二日であった。

咸臨丸の主たる乗組員編制は以下の通りである。

軍艦奉行　木村摂津守喜毅　31歳
教授方頭取　勝麟太郎義邦　38歳
教授方
　運用方兼砲術方
　　佐々倉桐太郎義行　31歳
　　根津欽治郎　21歳
　　鈴藤勇次郎敏孝　35歳
　　浜口興右衛門《おきえもん》英幹《ひでもと》　31歳
測量方兼運用方

小野友五郎広胖《ひろとき》　44歳
赤松大三郎則良《のりよし》　20歳
松岡盤吉　31歳
伴鉄太郎　35歳

蒸気方
肥田浜五郎為良《ためよし》　31歳
岡田井蔵　24歳
山本金次郎　35歳
小杉雅之進　18歳

通弁主務
中浜万次郎　34歳

この他に、公用方、医師とその見習、木村摂津守の従者、水主《かこ》、火焚、大工、鍛冶を含めると、日本人総員は94名、これにブルック大尉以下アメリカ人乗組員11名が加わり、総勢105名となった。六百トン強の咸臨丸としては、ギリギリといったところであろう。

水主は、塩飽《しわく》諸島と長崎から集められた。塩飽諸島出身が、大熊実次郎、豊島兵吉以下35名、長崎出身が、長次郎、大次郎以下15名。そして、火焚が、内田嘉八、小三郎以下十六名、大工が伊豆・河津浜村の鈴木長吉、鍛冶が江戸・築地の小林菊太郎という編成であった。

中浜（ジョン）万次郎については、今更多くを語る必要はあるまい。数奇な運命をたどった、という言い方があるが、この男は自ら数奇な生涯を創り上げたというべきであろう。その過程で培った生きる力が、この航海でも見事に生かされた。咸臨丸の日本人乗組員で、サンフランシスコまで太平洋を乗り切るについて「役に立った」のは、この中浜万次郎と小野友五郎くらいであったことは、複数の乗組員の残した証言記録からも明らかである。

いずれにしても、これだけの乗組員規模となると、積み込む物資も大変な量になった。

咸臨丸は、サンフランシスコまでの航海を四十日と計画していた。距離にして四千五百海里。積み込む物資はこれを基にしている。

石炭	50トン
水	100石（約18トン）
米	75石
木炭	200俵
ローソク	1500本
鰹節	1500本
豚	2頭
アヒル	20羽
鶏	30羽

などが、主な物資であった。

米は百五十日分、その他は大体九十日分を基準としているが、何故か水だけは、一人一日二升五合として四十日分しか積み込んでいない。二升五合ということは、現代流に分かりやすくいえば、1・8リットル入りの大きなペットボトル2本半である。純粋な飲料用だけならともかく、炊飯など他の用途を考えればこれでは心もとない。

或いは、当初から途中でハワイへ寄港する心算であったのか。しかし、結局咸臨丸は、ハワイへは寄らずにサンフランシスコへ直行したのである。案の定、水に関して日本人とアメリカ人との間でトラブルが発生したこともあった。

豚やアヒルは、ブルック大尉以下アメリカ人乗組員のためのものであったが、これも十分とはいえないであろう。彼らの乗船を当初快く思っていなかった日本人士官たちは、あまり真剣に考えていなかったのであろう。

積み込み物資まで軍艦奉行の木村摂津守が細かく指示することはなかったであろうが、乗組員の選抜は木村が主導した。

木村は、士官クラスをすべて長崎海軍伝習所出身者から選抜した。このことは、オランダ人から習った操船技術の実地訓練という咸臨丸派遣の目的に照らせば、極めて妥当というべきであろう。

木村は、初代の永井尚志《なおゆき》の後任として二代目の海軍伝習所頭取を務めている。伝習生個々の力量は把握していたはずである。また前述の通り、咸臨丸派遣の主目的に照らせば、伝習生から選ぶべきであったのだ。

また、アメリカ公使館と直談判しブルック大尉たちの乗船を実現させたのも木村である。これには日本人士官以下関係者すべてといってもいい周囲から、猛烈な反撥があったが、木村は幕閣を説き伏せた。

木村には、分かっていたのである。

海軍伝習所といっても基礎学習と初歩的な実習を修めたに過ぎず、いざ実際の航海となれば役に立たないであろう。西欧列強の軍艦には「一定の規則」があり、士官たちには「相当の位階俸禄を付与し、服章其の他庖厨《ほうちゅう》の事に至るまで」日頃より訓練、準備が行き届いている。それに対して我が国では、いまだに攘夷を喚く輩が騒いでおり、軍艦の規則を設けるなど思いも至っていない。

そして木村は、きっぱり言い切っている。

「和蘭より取り入れたる一、二の軍艦ありと雖も空しく近海に碇泊して僅かに運輸用に供するのみ」

木村は、決死の覚悟でこの任を受けたのだ。木村には自分がこの任を辞すということになると、「我国海軍の端緒を啓《ひら》かんとするの盛挙」が忽ち瓦解することが分かっていた。そうなれば「千載の遺憾」であり、「一死を決して」やるしかないと心に決めたのである。

このあたりが如何にも徳川武家官僚であるが、これは決して後世に語られがちな講談調の物語ではない。彼は、咸臨丸のアメリカ派遣を、幕府が列強に対して仕掛けた戦であると捉えたのである。

遣米使節団の正使一行は、アメリカ軍艦ポーハタン号に乗船している。通商条約の批准書交換という使節団の目的を考えれば、咸臨丸が随伴すべき特段の必要はないのだ。しかし、木村はそこに幕府の意地を見たのであろう。

戦なら勝たねばならない。敗れた時は一死あるのみ。そこで、勝つためになりふり構わぬ、後ろを顧みない準備をする。これは、江戸末期ともなると、直参旗本の思考回路からしか生まれない心のもちようであろう。

戦は、人と金である。幕府からは渡航費用として七千六百両と洋銀（メキシコドル）八万枚が出ている。これとて、逼迫する幕府財政を預かる勘定所は、このような大金を使って軍艦を派遣する意味はあるのかと反撥した。

戦ともなれば何が起こるか分からない。木村は、代々浜御殿奉行を務めた由緒ある木村家の家産をすべて売り払って三千両の資金を作った。それでも不十分と思ったのか、幕府から個人で五百両の「拝借金」を得た。幕府から個人名義で借金をしたのである。

木村はこの資金を使って、あと少しでサンフランシスコ入港というタイミングで、またメーア島で修理が完成した時など、節目節目で乗組員に「褒美」を与え、士気を鼓舞したという。乗組員たちの故郷への土産物代金も彼が負担している。彼は事前に、幕府に対して乗組員の手当ての増額を申請していたが、却下されていたのである。

このようにして、木村は日本へ帰り着いた時には自己資金を使い果たしていた。一方で、幕府から支給されていた公金については節約に努め、何と後日「戻入《れいにゅう》」を行っている。つまり、精算した上で帳簿と共に「これだけ余りました」と返金しているのである。令和の今、これを実践せよというのではないが、これが木村摂津守という男であり、徳川近代を支えた直参官僚なのだ。

咸臨丸には、木村の従者という形で福澤諭吉が乗船していた。木村が、見ず知らずであった福澤諭吉という若い中津藩士の熱意を知り、便宜を図ったものだが、この福澤が後の渡米の際、公金をどのように扱ったか、後章で触れる機会もあるだろう。現代紙幣の顔になった男が、公金という種類の金をどのように扱ったかという問題である。

西洋から学ぶことはたくさんあったろう。しかし、その前に福澤は、恩人木村のすべてを学ぶべきであった。

咸臨丸の航海は、確かにひどいものであった。殆ど毎日荒天で、晴れた日はほんの数日しかなかったようだ。採ったコースも悪かったとしかいえない。

咸臨丸の航路は、北緯36度、東経157度というエリアを突っ切る大圏コースといわれる航路で、冬のこのエリアは低気圧の発生海域とされる。

出港の翌日から船は荒波に翻弄され、日本人の殆どがダウンした。最初の十日間が特にひどかったようだ。このため咸臨丸の操船は、ブルック大尉以下アメリカ人十一名が行った。木村の従者の証言記録によれば、アメリカ人たちと共に作業をしていたのは、中浜万次郎と小野友五郎、そして、浜口興右衛門の三人だけであった。

ブルックも、日本人は帆が上げられない、風をみて舵をとることができない、帆をたたむことができないと嘆いている。そのくせ日本人は、ブルックたちを乗船前から蔑視していたのである。

ブルック自身も日本人の反撥は十分感じており、理解していたが、自分たちがやらなければ船は確実に沈没する。このことを十分認識していたのは、当のブルック以下のアメリカ人たちと小野友五郎、中浜万次郎以下数名の日本人、そして、木村摂津守であろう。

ブルックは、日本人士官は無能だと怒りつつ、小野友五郎と中浜万次郎の知識と技術には驚嘆と共に敬意を払い、木村摂津守の人柄には尊崇の念を抱くようになっていた。

サンフランシスコでブルック一行と別れる時、木村は船室にブルックを呼んで謝意を伝えると共に、持参した小判を示し、好きなだけ持っていってくれと頼んだという。

ブルック大尉
（G.M.ブルック4世蔵）

ブルックは、これを固辞した。

その後の現地での記者会見においてブルックは、日本の士官が航海術に習熟していたこと、操帆作業も迅速であったことなどを現地紙の記者に語っている。木村に対する尊崇の念、小野や中浜に対する敬意がなければ、彼はもっとあからさまな事実を語っていたに違いない。

ブルックは、江戸湾で台風に遭って座礁、沈没した測量船の船長で、帰国の便船を捜していたところを、偶々《たまたま》木村に請われて咸臨丸に乗船することになった軍人であるが、彼は単なる測量船の船長ではなかった。このことについては、彼を驚かせた測量の専門家小野友五郎のことと共に次節に譲りたい。

繰り返すが、ブルックたちアメリカ人と小野友五郎、中浜万次郎以下数名の技量をもった日本人がいなかったら、咸臨丸は出港後十日を待たずに確実に海の藻屑となっていたことであろう。そして、こういう人物を編成した直参旗本木村摂津守の「覚悟」が、それを防ぎ、咸臨丸の太平洋横断という歴史を創ったといえるのではないだろうか。

4　司馬遼太郎氏の麗しい誤認

咸臨丸といえば勝海舟（麟太郎）である。私は、確かに学校でそのように教わったし、第一、勝麟太郎本人が咸臨丸の太平洋横断は初めて日本人の手で成し遂げた快挙であるということを述べている（『氷川清和』）。

しかし、これが史実ではないのだ。

勝麟太郎は、「船将《せんしょう》」（艦長）という立場にありながら、咸臨丸を操船するというもっとも基本的な仕事に関して全く役に立たなかった。

役に立たなかっただけならまだしも、勝は常に木村摂津守に反抗し、駄々っ子のような言動をとって乗組員たちを困らせ、サンフランシスコへ着く前には乗組員全員から猛反撥を受け、信頼感を抱く者など誰もいないという状態であった。

勝という人間は、立身出世欲が強く、栄達して立場を得るということに異常に執着した人物である。現代のビジネスマンの世界に当てはめれば、能力や業務成果を無視して立場、肩書に異常に執心するというタイプであったと見受けられる。

以上のことを理解しておくと非常に分かり易いのだが、勝には大きな不満があったのだ。

幕府は咸臨丸を派遣するについて、木村図書《ずしょ》喜毅を責任者と決め、「亜墨利加国江為御用罷越候付、御暇被仰出」との、現代流にいえば「辞令」を交付した。こういう場合、誰を使い、どういうチーム編成にし、どういう日程を組むかなど、企画・計画の一切は、アメリカへ行けと命じられた木村が立案、策定することになるのだ。

そして、このような〝辞令〟を交付する時、幕府はそれなりの処遇を行うのが通例である。即ち、この時木村は「軍艦奉行並」から「軍艦奉行」に昇進し、「摂津守」という官職名と「従五位下」という官位を授けられ、禄高は千石から二千石に加増された。

例えば、ポーハタン号で渡米した正使一行の一人で「監察」（目付）に任命された小栗忠順は、この時「豊後守」を授かっており、帰国後であるが二百石加増され、二千七百石となっている。

つまり、「任命」の対象となった者に対しては、その任に当たる者として相応の処遇を考慮して昇格昇進の栄誉を与えるのだ。これは、慣例といえば慣例である。

その外、渡航前の正月十二日、木村は「お暇乞い」のために登城したが、この時将軍徳川家茂《いえもち》から黄金十枚と時服《じふく》三枚を賜っている。これも、こういう時の儀礼である。ところが、勝に対しては官位の下賜も何もなかった。役高は二百俵十五人扶持と、海軍伝習所時代と比べれば倍増していたが、知行をもつ直参旗本木村家や小栗家とは所詮身分も立場も異なる。

しかし、身分のことはともかく決定的に木村と異なることは、幕府は、アメリカ行きの「任」を木村に命じたのであって、勝に命じたのではないということだ。つまり、処遇や儀礼に関していえば、勝は当然「対象外」なのだ。勝が日頃からアメリカへ渡ることを熱望していたことを知っていた木村が、勝の夢を叶えさせてやろうと考え、編制に加えてやったということなのだ。人一倍自己愛のみが強い勝には、これが分かっていなかったようだ。

勝は、幕府は自分の才能を理解していないと怒り、自分より年下の木村が自分の上に立つことが不満であったのだ。このことが、咸臨丸航海中の「ふてくされ」、木村への八つ当たりや無礼となって表われ、日本人士官からも激しい反撥を買い、軽蔑を受ける原因となった。

明治になって、人に問われた木村は、

「勝さんがどうしてもアメリカに行きたいというから、私がそのように取り計らったのに、幕府が勝さんの身分を上げてくれなかったことが始終不平で、大変な癇癪《かんしゃく》だから、いつも周りの人間に八つ当たりしていた。始終部屋に引きこもっていたので相談のしようがなく、やむなく私が勝さんの部屋に行って相談をしようとすると、『どうぞご勝手に』とか、『俺は反対だ』としかいわず、ふて腐った態度をとるばかりでホントに困った」

という主旨の述懐をしている。常に温厚で、人を中傷することなど全くなかった木村摂津守としては珍しい愚痴であり、よほど困惑したものと察せられる。

太平洋上で「バッテラを下ろせ!」と喚いて水主たちを困らせた有名な「バッテラ事件」は、木村の従者という形で乗船していた福澤諭吉がその一部始終を目撃している。

先に述べた通り、福澤は、木村に懇請して敢えて「従者」という体裁で乗船していたのだが、彼はこの時点で中津藩江戸屋敷内に蘭学塾を開き、その講師を務めていた博学の士である。それ以前に、大坂でかの緒方洪庵《おがたこうあん》の主宰する適塾《てきじゅく》に学び、二十二歳という若さで塾頭を務めた俊才であった。江戸へ出てきたことも、蘭学塾を開いたのも、すべて藩命によるものであった。

乗船を取り計らった木村は、福澤のこのような〝素性〟を知っており、木村は自室では年下の福澤を「先生」と呼んだ。大坂時代に「門閥制度は親の仇」として忌み嫌った福澤が、門閥そのものである木村を尊敬するようになったのは、木村が乗組員たちの万一を考え、私財をもち込んでいたことを図らずも知り、身分の壁を超えて人に接する木村の人柄に「武家の佇まい」というものを見出したからであろう。二人の交流は生涯続いた。

福澤は、喚《わめ》く勝をたしなめたという。勝の見た福澤は、単なる従者に過ぎない。

「下僕は引っ込んでいろ！」

というような罵声を浴びせたらしいが、江戸っ子勝麟太郎のことだから、

「すっこんでいろ！」

といったかも知れない。

勝という人間に人の本質を見抜く能力はない。相手が上位だとみると巧みな懐柔策を用い、下位だとみると「べらんめぇ」調で一喝する。平たくいうと、恫喝して己を

上位に置くのだ。これが、勝麟太郎という人間であった。

明治〜昭和期の歴史家・文倉平次郎は、『幕末軍艦咸臨丸』（中公文庫）で、

——忌憚なくいえば、細心で剛毅をてらい、名誉心に焦がれ、反対者を威嚇又は懐柔する手腕を有し、筆に口に自己を宣伝するの癖がある——

と評している。

勝の評価については、私には、司馬遼太郎氏の「誤認」が決定的な影響を与えたとしか思えないのだ。

司馬氏は、『「明治」という国家』（上・下　日本放送出版協会）において、次のように述べている。

——船酔いだけでなく「つまり不平だったんです」と、おだやかで人を中傷することがなかった木村芥舟が語っています。私は勝海舟が、巨大な私憤から封建制への批判者になり、このままでは日本はつぶれるという危機感、そういう公的

感情（もしくは理論）へ私憤を昇華させた人だと思っています。海舟は偉大です。なにしろ、江戸末期に「日本国」という、たれも持ったことのない、幕藩よりも一つレベルの高い国家思想―当時としては夢のように抽象的な―概念を持っただけでも、勝は奇蹟的な存在でした。しかもその思想と、右の感情と、不世出の戦略的才能をもって、明治維新の最初の段階において、幕府代表として、幕府みずからを自己否定させ、あたらしい〝日本国〟に、一発の銃声もとどろかせることなく、座をゆずってしまった人なのです。こんなあざやかな政治的芸当をやってのけた人物が、日本史上いたでしょうか――

――航海中、他の士官が操艦について艦長の指示を仰ぎにくると、「摂津守様にうかがえ」と、ふてくされて何の指示も与えませんでした。艦が太平洋の真中まできたとき、「ボートをおろせ。おれは江戸へ帰る」と言いだして、乗り組んだひとびとを呆然とさせました。身分上昇をとげたいという欲望と、そうはさせない封建制へのいきどおりが、これほどまでにあらわれるというのは、めずらしいことです。自分のことを申しては何ですが、私はこのようなえぐさは大のにがてです。しかし勝その人については大好きなのです――

——勝のえらさは、封建制への怒りに転嫁させたことでした。もっとも、〝他のせいにする〟ということはよくありませんが、勝の場合は、ゆるされます——

何と麗しい〝屁理屈〟であろうか。「巨大な私憤」「公的感情」「レベルの高い国家思想」「封建制へのいきどおり」などという言葉を連発するから、「海舟は偉大です」「勝は奇蹟的な存在でした」という私見がもっともらしく聞こえるかも知れないが、小栗上野介や岩瀬忠震には明確な国家意識が認められるが、私は勝にそのような意識の微塵すら見出すことはできない。同学の大先輩に対して失礼ではあるが、見事な後付けの「虚構」であり、さもなくば単なる「暴論」である。

〝他のせいにする〟ということがよくないとおっしゃるのなら、何故勝の場合は許されるのか。それは、司馬氏が、もろもろ他の面も含めて単に勝が「大好き」であったからに過ぎないのではないか。

尤も、同書後段部分や他の著作などと付き合わせると、「勝は〝国民〟を創った」

からということに結び付きそうなのだ。「国民」を創ったから勝の場合は何をやっても「許される」のだ。そして、その国民の第一号が坂本龍馬であると、論は脱線していく。ここまでくると、これはもはや拙劣なフィクションであると断じざるを得ない。事実、江戸城無血開城の美談も、亀山社中のことも、勝が幕府を代表していたなどということも全く史実でないことは、既にこれまでの著作で明らかにしてきた。

私は、大学の大先輩である司馬氏の豊潤な知識に感服し、その基本的な歴史観に大きな影響を受け、今なお心底より尊崇の念を強く抱いているが、少なくとも勝海舟に対する同氏の評価は、「麗しい誤認」であるとしかいえない。そして、司馬氏のこの誤認が、今日もなお、勝海舟をして「咸臨丸の英雄」「明治近代創設の英雄」の座に留めているのである。

5 咸臨丸の主役小野友五郎

咸臨丸＝勝海舟、松下村塾＝吉田松陰というステレオタイプの成句は、本筋が虚偽から成立している官軍正史の中でも際立って悪質な偽りであるが、咸臨丸における実際の勝は述べてきたような存在であった。では、咸臨丸の航海を成功に導いた人物は誰であったのか。ブルック大尉以下のアメリカ人以外に、つまり、日本人乗組員の中に、即ち、提督木村摂津守を別にしてこの航海を支えて功のあった人物はいたのか。

当然、それはいた。

小野友五郎である。

もし、史実に即した「咸臨丸」という映画かドラマを製作するとすれば、その主役は紛れもなく小野友五郎である。

中浜万次郎は、確かにブルック大尉たちとアメリカ人に反撥する日本人士官の間に立って、その和を図ることにずいぶんと苦労している。木村摂津守の従者として乗り込んでいた福澤諭吉は、既に一定レベルの学識を備えた人物ではあったが、咸臨丸においてはどこまでも観察者であったに過ぎない。

小野は、そういう存在ではなく、咸臨丸で太平洋を横断するという難しい事業を実践する力として存在していたのである。彼は、通弁であった中浜万次郎を除けば、ブルックが航海中に戦力として頼った唯一の日本人士官であった。

驚くべきことに、この時点で小野は幕臣ではなかった。常陸《ひたち》笠間藩牧野家家中であった。つまり、直参ではなかったのである。即ち、陪臣《ばいしん》であった。

先に、咸臨丸乗船の士官を一覧したが、それに示した通り、小野は運用方であると共に測量方でもあった。兼務である。

船が大洋を航海する時、まず自らの位置を知る必要がある。己の位置が分からなければ航路の定めようもなく、目的地に着くことは不可能である。陸上と違って、大洋には船を導いてくれる目印は存在しないのだ。

古来、海に生きる人びとは、太陽や月、そして、星、即ち、天体を観察することによって自分の位置を把握した。天体観測＝天測ができなければ、大洋の航海はできないのだ。

当時、この天測の知識・技術に通じた者を「航海士」、幕府では「測量方」と呼んだ。つまり、咸臨丸のケースでは、太平洋の真ん中で自船の位置を割り出し、その後の針路を決定するのが「測量方」の任務なのだ。

咸臨丸の乗組員の中でこの天測ができた者は、ブルック大尉と小野友五郎、小野を補佐する立場の赤松大三郎、そして、中浜万次郎であったが、もっとも高い技量をもっていたのが、ブルックと小野であった。小野も勝麟太郎も長崎海軍伝習所の一期生であったが、勝に天測は無理であった。

中浜万次郎は、ジョン万次郎として一般に広く知られているので詳細は割愛するが、彼の身に付けた航海術は机上の勉学だけに依るものではなく、永年に亘る実際の航海で獲得したものであった。いわば、叩き上げの者のもつ極めて実践的な知識と技術であった。

文政十（1827）年、土佐・中ノ浜の半農半漁の家に次男坊として生まれた万次郎は、天保十二（1841）年、延縄漁《はえなわりょう》に出た土佐沖で冬場の時化《しけ》に襲われ、漂流した。四人の仲間と小舟で六日間漂流した後、無人の火山島鳥島に漂着、143日をこの孤島で生き永らえた後、アメリカの捕鯨船ジョン・ハウランド号に救出された。

四人の仲間は、ハワイ・ホノルルに寄港した際、ハワイで生活する道を選んだが、ホイットフィールド船長に才覚を見込まれた万次郎は、船長の勧めもあってそのまま捕鯨航海を続けたのである。

ハウランド号はおおよそ三年半の航海を終えて母港マサチューセッツ州ニューベッドフォードに帰港、万次郎はアメリカ本土に上陸した。この時、万次郎は十六歳、漂流してから約二年が過ぎていた。

万次郎は、ホイットフィールド船長の強い希望を受け入れ、船長の養子となり、船長は彼をオックスフォードの小学校へ就学させた。その後、万次郎は航海学の専門学校であるバーレット・アカデミーに進学、英語、数学、測量術、航海術といった専門学を修めたのである。

三年間の専門学校を主席で卒業した万次郎は、再びフランクリン号という捕鯨船に乗り込んだ。この船で彼は、乗組員の総意で副船長に選出され、捕鯨船の花形ともいえる銛《もり》打ちにも選ばれている。

万次郎が琉球経由で帰国し、故郷中ノ浜へ帰ったのは嘉永五（１８５２）年十月、流されてから十一年目のことであった。

このような異色の経歴をもつ万次郎の航海知識と技術は、単なる叩き上げのものでもなく、机上の学問だけでもなく、極めて実践的なものであった。ブルックは万次郎のこの力を信頼し、時に天測を代行させたのである。

では、ブルック大尉とはそもそも何者であったのか。

勝は、「難破した亜人（アメリカ人）をついでに乗せてやるのさ」などと日本人乗組員に軽く語っているが、ブルックの乗船を懇請したのは木村摂津守である。そして、ブルックは木村に乗船を請われるだけの人物であったのだ。

ジョン・ブルックは、フェニモア・クーパー号という、僅か九十六トンという小さな測量艦の艦長であった。この艦が江戸湾で台風に遭って座礁・沈没、彼は横浜に留まっていたところ、咸臨丸に乗船する機会を得て帰国することになったのである。

ブルックは、弘化三（１８４６）年、アナポリスに新設された「海軍学校」（後のアメリカ海軍兵学校）の一期生である。地中海派遣艦隊の勤務の後、「沿岸測量部」に配属、海図の作成に従事した。嘉永四（１８５１）年からは「海軍観測所」勤務となり、その後、５艦から成る「北太平洋・ベーリング海・東支那海水路探検隊」の艦隊航海士を務め、艦隊をアメリカ東海岸から喜望峰経由で香港に回航した経験をもっている。香港から本格的な水路探査を始め、日本の東海岸航路から東北沿岸部、千島列島を北上しベーリング海を測量して、サンフランシスコに帰任した。この時彼は、太平洋を横断しているのだ。

更に、安政五（1858）年、サンフランシスコ—香港間の蒸気船航路調査のために、先のフェニモア・クーパー号で太平洋を逆回りで横断している。つまり、彼は北太平洋航路についてはアメリカ海軍の中でももっとも精通していた測量と航海術の専門家であったのだ。測量方の赤松大三郎は、ブルックについて「相当な熟練家」という証言を残しているが、熟練家どころではなかったのである。

このブルックが、小野友五郎が「月距法《げっきょほう》」をマスターしていて、その手法を使いこなしていることに驚いた。

「月距法」とは、天球を時計に見立てて時刻と経度を算出する、当時としては最高の技術であった。天体を観測することによって航海するという技法は十五世紀の大航海時代から行われていたが、秒の単位まで正確に測れる船用時計がなかった時代のこと、船上では緯度しか分からず、経度は決定できなかったのである。開発された「月距法」では、恒星を時計の文字盤、月を針と見立て、恒星と月との角距離《かくきょり》＝月距を測定し、正確な時刻と経度を算出した。

この手法の原理そのものは簡単であったが、これによって時刻を算出するとなると非常に複雑な計算が必要となり、初期には一回の時刻を算出する計算に三〜四時間を要したともいわれている。つまり、この技法を実地に使いこなすには、天文学と高等数学の知識が必須であったのだ。

　国際社会に登場してきたとはいえ、アメリカ人もイギリス人も極東の未開国という程度の認識しかもっていなかった日本に、こういう「月距法」を使いこなす海軍士官がいる……このことがブルックにとっては驚愕すべきことであった。

　無理もないことだが、ブルックは知らなかったのだ。実は、小野友五郎は和算の専門家でもあったのだ。

　江戸期日本の和算のレベルは、非常に高かった。関孝和《せきたかかず》の名は大概の人は知っているだろうが、「算聖」と崇められた彼は、紛れもなく天才であったといえるだろう。関は、宝永五（１７０８）年に死去しているが、彼の死後も関流数学は和算の中心勢力であった。

　驚くべきことに、関孝和は１６８０年代初頭に西洋とは全く関連なく、円周率の近似値を算出している。彼の算出した円周率の近似値は、「３・１４１５９２６５３５９微弱」というもので、かつて平成のゆとり教育でこれを３と教えたことを考えれば、このことは驚異的である。数学の話に立ち入ると、私の頭脳では厄介なことになるので「微弱」の説明は差し控えたい。

その他、微分積分学の定理の確立、ベルヌーイ数の発見など、いずれも西欧とは独立した業績であり、ベルヌーイ数の発見に至っては、当のベルヌーイ本人より早いという、驚くべき成果を挙げている。

関孝和という魁が存在したこともあって、江戸期日本の数学（和算）レベルは、世界の標準を遙かに凌駕していた。有力な藩では、藩校で教授する科目になっていたところもあるが、多くの藩では藩士の中にいる数学者を「算術世話役」に任命し、その者に私塾を開かせるという形で数学教育を行っていたのである。

友五郎の最初の和算の師は、甲斐駒蔵広永である。甲斐は、笠間藩の算術世話役として藩士の子弟の指導に当たっていた。天保年間初頭に師匠の甲斐自身が、江戸の和算の大家長谷川寛《ひろし》の門人となった。甲斐は、長谷川寛・長谷川弘《ひろむ》に師事したが、この長谷川流は、関流の有力な一派であった。

友五郎は、天保十二（１８４１）年、江戸表笠間藩下屋敷へ〝転勤〟となった。ここで元締め手代として江戸表の財政を預かる。そして、弘化二（１８４５）年頃とされるが、友五郎も長谷川弘に入門した。弘化三（1846）年には、藩の算術世話役に指名され、師であった甲斐駒蔵に追いついた格好となったのである。

嘉永五（1852）年に友五郎は、師であった甲斐との共著という形で『量地図説』二巻を著しているが、このことは友五郎が地方《じかた》算法にも十分通じていたことを示している。

地方算法とは、農政に必要な普請や量地＝陸地測量のための数学で、伊能忠敬《いのうただたか》が日本全国の測量に際して使った「導線法」や「交会法」という技術はこの算法に含まれるものである。江戸期日本では、元禄期に既にこの算法が確立していた。

同じ嘉永五年の末、友五郎は藩から幕府天文方への出役《でやく》を命じられた。時は人材登用に積極的であった阿部正弘政権下、友五郎は和算の専門知識を買われたわけだが、この時点の彼の笠間藩での身分はまだ「徒士並《かち》」で、切米《きりまい》三十俵という〝薄給〟であった。

幕府天文方という役所は、「暦作御用」といって毎年の暦を編集するのが主たる業務であった。その暦の精度を維持するために、冬至・夏至、日食・月食を観測し、惑星の観測も行っていた。この頃の天文方には、それまでの観測記録や実測データが豊富に蓄積されており、日常業務に平面三角法、三角関数、対数などの西洋数学が既に常用されており、天文観測のレベルは非常に高かったのである。

文化八（1811）年には、洋書、公文書の翻訳（蕃書和解御用《ばんしょわげ》）が業務に加えられており、友五郎が長崎の海軍伝習所に派遣されている間に、これが分離・独立して「蕃書調所」となった。

つまり、幕府天文方という役所は、科学技術情報センター、海外情報センターともいうべき機能をもっていたわけで、「徳川近代」を支えた有力な機関であったのだ。

なお、正確な日本地図を作成した伊能忠敬の測量事業は、当初天文方の準公務としてスタートしたが、後に正式な公務、即ち「測量御用」の一部として行われたものである。

余談、ともいえないのだが、江戸期日本では、地図の測量も航海術も、ひっくるめて「測量」と呼んでいたことを知っておく必要がある。

というのも、伊能忠敬が使った技法、地方算法に含まれる「導線法」と「交会法」とは、そのまま航海術に当てはまるものなのだ。私には専門的な解説は全くできないが、導線法は「推測航法」に当たり、交会法はそのまま「交叉方位法」となるのだ。

伊能忠敬の地図は、緯度差の誤差が今日の値と僅か0・88パーセントしか違わないという精度の高いものであったが、これは伊能個人のみの能力に依るもののように語られるが、そうではない。勿論、伊能の能力は高く、その労力も大変なものであったが、もし、友五郎がその任に当たっていたとすれば、全く同じ精度のものを創り上げていたであろう。いや、友五郎でなく他の「測量方」の者であったとしても、結果は同じであったはずである。「徳川近代」の科学技術庁ともいうべき幕府天文方とは、そういうレベルにあったということだ。

その幕府天文方が笠間藩の「徒士並」という身分の下級藩士小野友五郎に出仕を求めたのには別の目的があり、友五郎にやって欲しい仕事があったからである。

笠間藩のことに全く触れていなかったが、この藩は、延享四（1747）年以降は譜代八万石牧野家の領する常陸国（ほぼ今の茨城県）の小藩である。牧野家といえば、「武備中立」を唱えて山縣有朋率いる長州奇兵隊の奥羽侵攻に立ち塞がった河井継之助が家老を務めた越後長岡藩を想われる方も多いことであろうが、その連想は間違いではない。常陸笠間藩は、越後長岡藩の支藩であった。

幕府が、越後長岡藩牧野家の支藩の下級藩士を召出すとは、時の阿部正弘政権の人材登用策が如何に峻烈で、広範囲なものであったかを示す、一つの事例である。

幕府天文方が友五郎を必要とし、彼に期待した仕事は、当時の航海術の国際的な標準専門解説書ともいうべきスワルトの航海術書『Handleing voor de praktische zeevaartkunde』を解読することであった。

解読とは、単なる翻訳ではない。何せ世界的に用いられたスワルトのこの手引書は、大洋における推測航法、天文航法と、その理解に必要な数学、天文学、経緯度算出、時刻算出などを網羅して解説した専門書なのだ。

天文方では、友五郎と足立信行、そして、手付の高柳兵助が中心となってこの解読作業を行った。このチームは、解読した結果を『渡海新編』という数十巻から成る書にまとめて、万延元（1860）年五月、幕府に献本している。友五郎はこの功に由り、賞賜《しょうし》として白銀七枚を授与されている。

友五郎の専門性もさることながら、これを依頼した幕府天文方のレベルの高さにも驚かされる。

友五郎のチームが幕府に献本した万延元年五月とは、水戸と薩摩の尊皇過激浪士が幕府大老井伊直弼《なおすけ》を桜田門外で襲撃、暗殺した僅か二カ月後である。スワルトの航海術書と天皇絶対主義者によるテロという蛮行……これはそのまま、国際社会を視野に入れていた徳川近代政権とテロを繰り返す尊皇倒幕集団の文化レベルの差を正直に語るものといえるだろう。

『渡海新編』の完成が万延元年まで延びたのは、友五郎と高柳が長崎海軍伝習所へ派遣されたからである。阿部正弘の発令は、安政二（1855）年八月十日であった。長崎海軍伝習所でも、友五郎は群を抜いていた。彼はここで実践力＝実技を習得したのである。

伝習所では、オランダ海軍で使われていたピラールの教科書が使われた。つまり、伝習生は、数学を始めとする理論から経緯度決定の手法、子午線の測定法、クロノメーター、コンパス、セキスタント（六分儀）の使い方などの実践に至るまでを叩き込まれたのである。

六分儀そのものは、既に天文方は保有していたが、それを実際に使う機会はなかった。友五郎は、伝習所でこれを使った艦上での天体の高度測定技術を習得したのである。

ピラールの教科書でこれらを習得することは、初学者には難解なことであった。その上、教官は、第一期生についてはオランダ海軍のペルス・レイケン以下の士官たちであり、講義はオランダ語である。十四名の通詞も伝習生も必死であった。

ところが、友五郎は和算の専門家であり、既にスワルトを解読していることもあって、他の伝習生とは素地が全く違っており、実技をスムーズに習得できたようである。

彼は、伝習所取締永井尚志の命を受けて、授業についてこられない伝習生を夜、宿所に集めて補修を行っている。

海軍伝習所での伝習は、一期から三期まで行われたが、幕臣伝習生は第一期が三十九名、第二期十一名、第三期二十六名であった。この他に幕府は諸藩から百数十名の聴講生を受け入れている。

友五郎と同期の一期生には、矢田堀景蔵、勝麟太郎、佐々倉桐太郎、高柳兵助、福岡金吾、浜口興右衛門、鈴木儀右衛門、近藤熊吉などがいた。二期生には、榎本釜次郎（武揚《たけあき》）、松岡盤吉、肥田浜五郎、伴鉄太郎などが、三期生には、赤松大三郎、田辺太一、根津欽次郎らがいた。

なお、同期の勝麟太郎は、この安政二（1855）年七月に非役の小普請組から小十人組（百俵高十人扶持）に昇進して役入りしたばかりであった。小十人組というのは若干ややこしい身分で、元々将軍の身辺警護が任であったところから「お目見得」以上であるが、扶持は御家人のそれであった。分かり易くいえば、最下位の旗本というたところである。

なお、友五郎の伝習所派遣に伴い、笠間藩では彼を「給人席」という上士の末席身分とし、三十俵十人扶持というささやかな昇進・昇格を行っている。

勝麟太郎は、矢田堀景蔵と共に第一期の学生長に任命されたが、これは江川英龍《ひでたつ》の推挙によるものとされている。お調子者の勝には、学生長という任はうってつけであったといえるだろう。

咸臨丸で初めて小野友五郎を知り、彼が月距を計算していることに驚愕したブルック大尉は、このような友五郎の経歴を知らなかったのである。スワルトを解読し、伝習を終えて自力で「観光丸」を操船して江戸へ引き揚げ、軍艦操練所の教授に就任した、陪臣ながら幕府天文方のテクノクラート（高級技術官僚）であったことを知っていれば、さほど驚かなかったに違いない。

付言しておくと、友五郎が幕臣に登用されたのは、文久元（1861）年七月のことである。

咸臨丸での航海中、友五郎とブルックは、〝天測競争〟を行った。毎日正午の経緯度を測定し、それぞれがその結果を発表するのである。勝負は殆ど互角であったと、赤松大三郎が証言しているが（『赤松則良半生談』）、ある時、両者の計算に大きな差が出たことがあり、それがブルックの誤算の結果であることが判明した時、日本側は大いに得意になったという。両者は、和やかに互いの技量を競い合ったのである。

紙幅があれば後述するが、友五郎は後にアメリカへ再航し、ブルックと再会、ブルックは友五郎の任務に協力しており、二人の交流は生涯続いたのである。

小野友五郎は、咸臨丸の航海を成功させただけの人物ではなかった。

江戸湾防衛計画の策定と推進、国産軍艦の設計、小笠原領有のための測量探査と海図作成、幕府の軍制改革と海軍拡充、アメリカからの軍艦買付、長州征伐における兵站業務、「鳥羽伏見の戦い」の後始末、鉄道敷設における幹線ルートの決定、製塩技術の開発……これらはすべて友五郎の業績である。つまり、彼の技術官僚としての並外れた知識と実践力は、徳川近代を成立せしめたに留まらず、後の明治近代の施策をも支えたのである。

咸臨丸といえば勝海舟という、全く根拠のない歴史物語が今日《こんにち》も幅を利かせているが、長崎海軍伝習所第一期生の中の僅か四名の留年生の一人であった勝に、咸臨丸の操船や航海指揮は無理であった。これは技量を考えれば仕方のないことで、私は勝を貶《おとし》めているわけではない。彼は、咸臨丸乗船前にインフルエンザに罹患していたともされるが、そうであってもなくても、〝船酔い〟で船室に閉じこもっているしかなかったのである。

広く「ホラ吹き勝」といわれた勝海舟は、多くの「ホラ」を残し、令和の今日に至る明治近代の政治家や学者たちがこれをそのまま歴史にしてしまった。その過程で、敢えて善意を示していえば実に華々しく麗しい誤解も生まれ、司馬遼太郎氏の誤認もその一つであるといえよう。

私が、勝の咸臨丸物語の虚構を今更ながら史実に即して指摘するのは、この物語の存在によって本来評価されるべき小野友五郎という人物の存在が抹殺されてしまったからである。勝自身が友五郎のことを「邪」と呼んだことも当然容認できることではない。

小野友五郎なくして幕府海軍の拡充も国産軍艦の建造も、小笠原の領有も、明治新政府による鉄道敷設もあり得なかった。残念なことは、勝海舟が友五郎に対して政治的な報復を加えたことである。これについても後章で述べることになるだろうが、麗しい「勝の咸臨丸物語」は、徳川近代の科学技術レベルの高さを知る機会を抹殺したという一点において、否定されるべきものである。

6 テクノクラートとしての生涯

徳川近代から明治時代にかけて、技術官僚として我が国で最高レベルにあった小野友五郎にとって、咸臨丸による太平洋横断は、彼の多くの事績を語る上でほんの序章に過ぎないが、ここでは前節の補足としてその他の仕事を二つ、三つ挙げておきたい。

一つは、国産蒸気軍艦の建造である。

小野友五郎が建造を提言するまで、幕府が国産軍艦をもたなかったわけではない。しかし、それらはすべて帆船であった。

官軍正史に馴染んでしまうと、ペリーの黒船来航という出来事についても、黒船がすべて日本人の見たこともない蒸気で動く軍艦であったと思いがちであるが、黒船も半分の2隻は帆船であった。この時期、世界的にみれば、まだ帆船軍艦の方が多かったのである。但し、急速に蒸気船化が進展していたことも事実である。

幕府の建造した国産帆船軍艦には、君澤形《きみさわ》、長崎形、箱館形の三種がある。

安政東海地震の津波によってロシアのフリゲート艦「ディアナ号」が沈没した際、幕府はロシア人の帰国用に「ヘダ号」を建造し、遣日全権使節プチャーチンを感激させたが、これは川路聖謨の超法規的な政治判断、江川英龍の船大工手配によるものであった。一人、水戸の徳川斉昭だけが、「ロシア人を皆殺しにせよ」と喚いていたことはあまりにも有名なエピソードである。徳川近代を語るについては、川路聖謨も伊豆韮山代官江川英龍も、本来なら名前を挙げるだけでは済まされない人物であるが、先を急ぐ。

「ヘダ号」の建造に当たっては、「ディアナ号」のロシア士官が技術指導を行っているが、幕府はこの経験を生かしてスクーナ艦クラスの軍艦建造を開始した。このクラスの帆船軍艦は、「ヘダ号」以外に戸田《へだ》と石川島で合計十隻建造され、伊豆国君澤郡戸田村の地名に因んでこれを「君澤形」と呼んでいる。これが、我が国最初の純国産軍艦である。

〝勤皇志士〟などと自称する過激分子が口を開けば「攘夷」を喚き、この先も延々とテロ活動を繰り広げる中、対外協調路線に舵を切り替えつつあった徳川近代政権は、全く別の方向を向いていたのである。

前述した長崎海軍伝習所では、カッター艦クラスの艦の製作実習も行われたが、この技術を習得して建造されたのが「長崎形」である。これは、長崎奉行所が二隻建造した外、佐賀藩が一隻建造している。

そして、箱館奉行所が「君澤形」と同クラスのスクーナー艦二隻を建造しており、これを「箱館形」と呼んでいる。

ささやかながらこのような帆船軍艦の建造実績があって、徳川近代政権の主流派、即ち、開明派勢力の間では蒸気軍艦の国産化が期待されていたのである。

友五郎が咸臨丸で航米したのは、そういう時期であった。

咸臨丸における任務の役割を現代流に表現すれば、友五郎は「航海長」を務めたことになるが、この時「機関長」を務めたのが、長崎海軍伝習所の二期生であった肥田浜五郎である。友五郎と肥田、この二人が初の国産蒸気軍艦の開発・建造を主導したのである。

サンフランシスコに到着した咸臨丸は、修理のためにメーア島のアメリカ海軍工廠《こうしょう》にドック入りした。友五郎たちには時間のゆとりができたのである。この時二人は、海軍工廠の造船現場を徹底的に見学・視察し、二人してこれならわけなく造れると、確かな自信をもったのである。

そこで、二人は、アメリカ海軍の許可を得て、日本人士官たちから鈴木朝吉たち職方の一部までを引き連れ、造船所、造機工場、船体の原寸工場、製材工場から、ヴァルカン鉄工所での機械加工現場に至るまでを具《つぶさ》に視察したのである。更に、「クリポリス号」という交通用蒸気外輪船に乗船して、各部の寸法を測り、全体の見取図まで作成している。そのあまりの熱心さに、この様子を現地紙が報道したほどであった。

このような友五郎たちの熱意と努力の結晶として完成したのが、「千代田形」軍艦である。

この建造プロジェクトチームの主任を友五郎が務め、肥田は長崎で機関部の設計・製造に当たっている。文久二（1862）年五月七日、江戸・石川島造船場で起工式（キール釘〆）が行われ、翌文久三年七月二日、進水式（船卸し）を挙行、ここに国産の港湾防御用蒸気砲艦が完成したのである。

このスクーナ型砲艦「千代田形」は、友五郎が立案・建議した江戸湾防衛計画に基づいて建造されていることに注目すべきである。

彼は、陸上に建設する砲台と機動力をもつ砲艦との連携によって、江戸湾の防衛戦略と具体的な戦術を描いており、これを幕府に建議していたのである。今日も残る台場の砲台について、こんなもので海防を考えていたと幕府の幼稚さを指摘する向きが多いが、その見方こそ稚拙である。友五郎の海防構想は、江戸湾湾口と江戸前海域に二重の防御線をデッドラインとして設定し、これを越えて侵入した列強の艦船に対しては陸上の砲台と海上機動艦隊が連携をとって防衛攻撃を行うという、ゲオポリティーク（地政学的）な戦略・戦術論に拠るものであった。台場建設について云々する時は、この海防計画の全容を前提として理解しておく必要があるのだ。

小野友五郎
（G.M.ブルック4世蔵）

この目的を考慮して、「千代田形」は足の速さを重視すると共に、台風の時の外的圧力から乗組員

の体重に至るまで考慮した復原力計算が施されていたのである。

友五郎は、この海防計画を『江都海防真論』全七巻にまとめ、文久二（1862）年十二月、軍艦奉行木村摂津守に建議している。更に、元治元（1864）年八月に、『江都海防真論』を補足すべく、『江戸海防論』全七巻を幕府に上申した。

『江戸海防論』は、注目すべき内容を含んでいる。一つは、当時列強にとっては帰属が曖昧で英米の衝突を招きかねなかった小笠原諸島について、一刻も早くこれを日本国に「回収」し、江戸への侵攻拠点をなくすことを強く建議したこと、今一つが、江戸湾内に横須賀・横浜製鉄所を新設し、艦艇の建造と修理を行うことを提言したことである。

後者について、徳川近代の柱ともいうべき小栗上野介忠順がこれを実現させたことは広く知られている通りである。また前者については、列強の日本侵攻を想定した時、小笠原がその前線基地となることを見通したことは、全く正しい。

国産蒸気船は、薩摩藩の雲行丸や佐賀藩の凌風丸、更には長崎奉行所の先登丸が先に完成しているとの見方があるが、これらはいずれもオランダの書物を見て外見的に同じような機関を製造して、既存の船に取り付けただけのものであった。また、『維新と科学』（岩波新書）の影響であろうが、「千代田形」の機関部だけはオランダから輸入したとするのは、藤井哲博氏の指摘する通り、明白な誤りである。「千代田形」砲艦は三十隻建造し、江戸湾に二十隻、大坂湾に十隻配備されるはずであった。また、江戸湾を取り巻く陸上砲台も第二次防衛線としてだけでも十二基建造される計画であった。いずれも時局の悪化で、「千代田形」は一番艦が完成したのみで、台場も五基しか建造できなかったのである。

事あるごとに幕府の足を引っ張った薩摩・長州を核とする過激分子は、専守防衛に徹した江戸湾海防計画も潰してしまったのである。

「千代田形」の二番艦以降は、「千代田」という名称で明治新政府に引き継がれたが、これは名称だけを引き継いだもので、丸ごとイギリスから輸入した巡洋艦であった。対外侵出を図る明治新政府には、専守防衛を大前提とした国産の意欲も技術も継承されなかったのである。

小野友五郎の事績の中で、「千代田形」軍艦の建造と並んで重要なものは、やはり咸臨丸による小笠原群島の探査と同群島海域の正確な海図の制作であろう。

この時期、小笠原群島の帰属は微妙な様相を呈していたのである。

新見正興を正使とする日米修好通商条約批准使節が米艦「ポーハタン号」で渡米したことは先に述べた。咸臨丸は、この時随行艦として太平洋を渡ったのである。

正使一行は、万延元（1860）年九月、大西洋・インド洋廻りで帰国したが、この時、彼らは『ペリー准将日本遠征記』を五部持ち帰った。アメリカ側から贈られた〝お土産〟の一つである。

ところが、これが翻訳されて幕閣は驚いた。ペリーが最初に来航し、再航するまでの間に、旗艦「サスケハナ」、帆走艦「サラトガ」で自ら小笠原群島へ航海し、父島で補給用倉庫の敷地を購入したり、住民と接触したりしていたことを、初めて知ったのである。

幕閣は、アヘン戦争におけるイギリスのやり方をかなり詳しく知っていた。彼らが軍事的に注目していたのは、イギリス軍が香港島を基地として広東に攻め込んだことである。もし、列強が日本侵攻を企図したとしたら、どこを前線基地とするか。それは、小笠原群島であろう。幕閣の、この危機感は、決して的外れではなかった。この時期、既に英米間で小笠原群島の領有権争いが勃発しそうな気配があったのだ。幕府内でも、専守防衛＝江戸海防の観点から小笠原問題が急浮上した。

そこで幕府は、外国奉行水野忠徳、幕臣に登用されたばかりの軍艦頭取小野友五郎に咸臨丸による小笠原探査と「回収」のための準備施策を命じたのである。そして、文久元（1861）年九月、外国奉行水野忠徳に「小笠原島御開拓御用」が下命されたのである。

世界の航路測量の歴史において最後まで未測量の空白地帯となっていたのが日本近海であるが、当然その範囲に入る小笠原群島海域にも、この頃列強の手が伸びつつあった。咸臨丸による同群島の探査は、これを察知して防衛施策の一環として行われたものである。

軍艦頭取であった友五郎は、豊田港を助手として自ら父島の測量に当たった。この時の測量は、経緯度天測、泊の水深測量、海岸線測量などを含んでいる。母島の測量は、塚本明毅《あきかた》と松岡盤吉が担当した。共に長崎海軍伝習所出身で、塚本が友五郎と同期の一期生、松岡は二期生である。松岡は、咸臨丸航米の際、測量方友五郎の補佐を務めた人物である。

このようにして、小笠原群島の実測海図ができ上がった。これは、同群島の領有に乗り出す可能性のあった英米両国が、まだ保有していなかったものであることはいうまでもない。この海図の存在が、日本の領有権主張を支える基盤となったのである。

水野忠徳が直接指揮した海軍方の方は、外国人移住者との折衝、古記録を参照しながらの地名確定、群島が日本固有の領土であることを示す由来を刻んだ石碑の建立等々、「回収」の準備を行った。

その後、文久二（1862）年八月、幕府は八丈島の夫婦十五組、婚約者四組を父島に送り込み、島の開拓と製塩を始めさせたのである。

その準備が整い、島規則などの法度《はっと》もでき上がった同年六月十一日、幕府は英国公使オールコックに対して、小笠原回収を通告した。英国は、既に同年二月に、日本が先に発見していたとしても永年放置しておいたからその権利は消滅しているなどとして、英国の領有権を示唆していたのである。

英国の主張に対しては、日本が先に発見したことは周知の事実であること、植民は中断していたものに過ぎず、この度再植民したことを挙げ、英国籍住民は英国政府の植民として移住したものではないとして、通告の中でそれを突っぱねている。

幕府は、同時に、全く同じ六月十一日に、アメリカ公使ブルーインに対しても回収を通告している。

アメリカは、政権が民主党ピアース政権に替わったことで、ペリーの領有宣言は国内的にも認められなかったのである。

幕府は、同年十月、フランス、ロシア、オランダ、プロシャ、ベルギーに対しても小笠原領有を通告し、これによって小笠原領有問題が国際紛争に発展することを防ぎ、小笠原が列強の前線基地になることを防いだのである。

せっかく領有の実態を成立させた小笠原群島であったが、これを台無しにしてしまったのが、幕政の混乱に乗じて政事総裁職に就任した松平春嶽《しゅんがく》である。春嶽は、開拓を中止させ、移住民の総引き揚げを強行した。これによって小笠原は、再び外国移住民だけという元の状況に戻ってしまったのである。

小笠原が再び日本領に復したのは、明治九（1876）年のことである。この時、水野忠徳、小野友五郎指揮下で回収に当たった田辺太一、根津欽次郎たちが、新政府官吏として奮闘したことを付記しておきたい。

小野友五郎には、これ以外に、第二次海軍拡充計画に伴う、小野使節団としての米国再航、明治になってからの鉄道敷設計画の立案と測量、近代製塩法の開発等々、語るべき事績がまだまだある。

「汽笛一声、新橋の～♪」という唱歌でお馴染みの鉄道敷設も、小野の力なくしてはあり得なかった事業である。新橋・横浜間の鉄道敷設とは、小野が計画した幹線鉄道網の支線部分のそのまた一部のことに過ぎない。本来の構想は、今日の新幹線を核とする鉄道網の姿と殆ど変わらないものであった。

何よりも悔やまれることは、幕府崩壊に際して、勝海舟の私情による報復が、小野の活躍を妨げたことである。

討幕軍から「始末」のための〝スケープゴート〟のリストアップを任された勝海舟は、四段階に分けた罪の筆頭に小野友五郎を挙げたのである。これによって友五郎は、戊辰戦争の罪をただ一人で一身に被って伝馬町に投獄された。彼は、何故か幕府を代表して、その「罪」を一人で贖《あがな》うことになったのである。

この時、徳川近代を支えた幕府主流派及びその周辺の幕臣なら、勝が報復に出ることは誰もが見通したことであり、事前に逃亡した者は何人もいる。アメリカへ逃亡した者もいた。しかし、友五郎は逃げなかったのだ。勿論、逃げる理由もなかったということだ。

因みに、第三位の罪に当たる「蟄居《ちっきょ》」とされた榎本武揚、第四位の罪に当たる「閉門」とされた永井尚志は、新撰組土方歳三、幕府歩兵隊大鳥圭介、幕府遊撃隊伊庭《いば》八郎たちと共に、箱館に渡って薩摩・長州に抗戦した。

勝麟太郎（海舟）のことは、もはやどうでもいい。小野友五郎は、政権が替わってもなお、国家の近代化を目指して東奔西走したテクノクラートであった。我が国近代化の歴史を考えるなら、小野友五郎の事績とその功績は私の如き物書きの筆によってではなく、碩学《せきがく》の手によってもっと細密に掘り起こされるべきであろう。

第二章

自由貿易推進派　岩瀬忠震の奮闘

1　旗本養子と部屋住み大名

それにつけても、小野友五郎という「近代的」という物差しを当てればかなり高いレベルにいた人物の名前を消してしまっている官軍正史とは、真《まこと》に恐ろしい歴史叙述で貫かれているといわねばならない。

明治維新と呼ばれる出来事のことを「日本の夜明け」と称したのも官軍正史であるが、今日に至るもこの「日本の夜明け」という言葉は、明治維新のシンボリックな表現となっている。

近江琵琶湖畔、佐和山という山間《やまあい》の里で、日が暮れてもなお、相手が見える限りぎりぎりの時間までチャンバラに興じ、「ぼっかんすいれん」（母艦・水雷）や源平合戦に夢中になっていた頃、私たち少年のヒーローは、日本映画最盛期を支えた東映時代劇の主役鞍馬天狗であった。

「天狗のおいちゃん！」

と叫ぶ杉作少年（松島トモ子）を馬上からさっと救い上げ、アラカン（嵐寛十郎）演じる鞍馬天狗は颯爽と馬上に在り、

「杉作！　行くぞ！」

と曙に向かって疾駆していった。

「桂さん！　日本の夜明けは近い！」

と朝焼けの空を確固と指差し、悪党集団新撰組に追われる正義の士桂小五郎たちを助け、励まし続けた我らがヒーロー鞍馬天狗。それは、後の「月光仮面」の原型といってもいいだろう。


こういう砂嵐の降る白黒映画は、年に一、二度、村の神社の境内の松の木から木へ白い布を張ってスクリーンとし、遠く中仙道鳥居本宿からやってきた新聞店（今でいう新聞専売店）が定期購読世帯へのサービスとして上映してくれた。娯楽と呼べるものの何もない里山の子にとって、それは春祭りと地蔵盆と秋祭りが手をつないで一緒にやってきたような、心浮き立つ一大イベントであったのだ。私どもはこうやって、エンターテインメントの世界でも官軍教育にどっぷりと浸されて育ったのである。

官軍正史を指して「鞍馬天狗史観」と呼ぶ理由も、このような私の少年時代をご紹介すれば理解していただけるだろう。それが維新から九十年目くらいまでのことであった。

つまり、この鞍馬天狗の物語こそ、官軍正史そのものであった。つまり、現在でも公教育を支配している官軍正史とは、エンターテインメントそのものであると割り切るべき代物《しろもの》なのだ。

鞍馬天狗の物語に小野友五郎は登場してこない。明治維新という「日本の夜明け」以前、即ち、「夜明け前」に、近代人或いは近代の芽を宿した幕府人など、そもそもが存在しないのである。存在してはいけないのだ。

かくして、小野友五郎だけでなく、小栗上野介《こうずけのすけ》も、水野忠徳、木村摂津守も、川路聖謨《としあきら》、井上清直、そして、永井尚志《なおゆき》も、「徳川近代」を成立せしめた幕臣官僚は全員、見事に全員、官軍正史から抹殺されているのである。明治新政権で官となったかつてのテロリストに直接武力を以て立ち塞がった新撰組だけが、徳川幕府を代表する形で、「夜明け前」を象徴する野蛮な悪役として存在を許されているだけであったのだ。

本章で登場させる幕臣官僚も、その名すら語られてこなかった開明急進派といってもいいような、ひたすら自由貿易を目指して奔走した直参旗本である。

その男の名は岩瀬忠震、「いわせただなり」と読む。学校教育で「不平等条約」と教えられた「日米修好通商条約」を締結した男である。

この条約は、決して「不平等条約」と騒ぎ立てられるようなものではないのだが、そのことは順を追って述べていきたい。

不平等条約は、井伊大老が締結したのではないの？　国を憂う勤皇志士たちがそれに怒って立ち上がったのを井伊大老が弾圧して、だから彼は「桜田門外の変」で暗殺されたのでは？

こういう「偽史」を信じている方は、歴史知識の有無という点ではまだましというべきであろう。少なくとも固有名詞が登場するからであるが、逆に、それすら全く何も知らないという白紙状態の人が多数を占める時代になった令和という今、却って正しい歴史が浸透し易くなったとも考えられる。しかし、一度浸み込んだ誤りを取り除こうとすると、この国では猛烈な反撥が跳ね返ってくるのだ。

日米修好通商条約は、アメリカのハリスから押しつけられたものではない。岩瀬忠震、井上清直が、ハリスと談判しながら、双方が共に創り上げたものである。そして、その調印に際しては、慎重な大老井伊直弼の意を介することなく、実質的に「独断調印」したのが、岩瀬である。少なくとも、形の上ではそういうことになるのだ。

岩瀬は、日米修好通商条約締結の後、日蘭修好通商条約、日露修好通商条約、日英修好通商条約、日仏修好通商条約にも、立て続けに調印した。即ち、彼こそが安政五カ国条約成立の主役であったのだ。

条約締結後、岩瀬は作事《さくじ》奉行に左遷され、いわゆる「安政の大獄」では永蟄居処分を受けたとされている。

無勅許での条約締結に踏み切って、歴史の上で悪評を受けてきた大老井伊直弼と、積極的な条約推進派であった岩瀬は、条約締結という点では同じ軌道を歩んだのではなかったのか。井伊は、何故岩瀬を処分したのか。「安政の大獄」で処分されたという一点のみに限って云えば、岩瀬は、長州の国粋主義者吉田松陰たちと同じ位置づけになってしまうのだ。

これらのこともまた、官軍正史というものを捨て去らないと真実が理解できなくなってしまうのである。幕末の政局は観念論で語っても意味はなく、井伊も岩瀬も生身の人間であったことを忘れてはならないのだ。

岩瀬忠震は、文政元（１８１８）年十一月、江戸愛宕下で生まれた。母は、林述《じゅっ》斎《さい》（大学頭《だいがくのかみ》）の三女である。天保十一（１８４０）年、岩瀬忠正の養子となった。岩瀬家は、八百石を領する直参旗本である。

周知の通り、林大学頭とは、朱子学を柱とする幕府の学問全般を統括する権威である。母方が学問の家柄ということも影響したのか、忠震も学問好きで、早くから昌平《しょうへい》黌《こう》で学び、養子に入って後も昌平黌で学問を続けた。

身も蓋もない言い方をするが、要するに「お役」もなく暇だったのである。

江戸期の直参というものは、旗本であれ御家人であれ、「御番入り《ごばん》」しない限り役職には就《つ》けない。つまり、職がないのだ。大雑把にいえば、直参の半分は無職であった。

江戸期の武家とは、実に不自由な身分であったといえる。働きたいからといって、商《あきな》いを行う自由はなく、百姓にもなれない。家禄は支給されるが、それ以外に収入の道はない。中には、代書で手間賃を得たり、浮世絵を描いたりする者がいたが、これはアルバイトに過ぎない。その点では、百姓や町人の方が遥かに自由な社会であったといえるだろう。

当主が何らかの役に就いていたとしても、それは世襲であり、長男が家禄共々引き継ぐことになる。そうすると、次男、三男は、父親が隠居したり、死去した場合は、跡を継いだ長男の厄介《やっかい》になるしかないのだ。実際にこういう身分の者を、公式に「厄介」と呼んだ。武家の場合は「部屋住み」ともいわれる。

　こういう次男、三男にとっては、どこかに養子の口があればまだ幸運である。養家の方では、誰かを養子に迎えるとなれば、できるだけ優秀な者を望むのは当然である。江戸期は養子社会であり、その養子に優秀な者が多かったのは、このような背景があったからであろう。

　そういえば、小野友五郎も、川路聖謨も、水野忠徳も、皆、養子である。勝麟太郎の父、勝小吉も養子である。

「部屋住み」の身となれば、養子の口に備えて先ずは学問を修めておくに限る。江戸期武家社会では、学問は当然武家必須の「たしなみ」でもあったが、次男以下の「部屋住み」にとってはもっとリアルな立身のための必須要件であった。忠震がどう感じていたかは分からないが、この男が学問好きであったことは事実であり、養子に入ったことも事実である。

「部屋住み」という江戸期特有のライフスタイル、これはライフステージにもなるのだが、これについてもう少し述べておくと、忠震と因縁のある大老井伊《いい》直弼《なおすけ》の場合は、稀有《けう》なケースといえるだろう。

一般の武家だけでなく、上は将軍家から下は徒士《かち》クラスに至るまで、とにかく養子縁組が盛んであった江戸の武家社会であるが、譜代筆頭彦根藩井伊家を継いだ井伊直弼は、井伊直中《なおなか》の、何と十四男であった。しかも、母は側室であったのだ。つまり、十四男という嫡男からすれば遠い末席の、しかも庶子《しょし》である。これでは、井伊家を継ぐなどということは夢のまた夢、いや、夢より非現実的な話である。夢を描くにしても、せいぜい恵まれた養子話が舞い込むことぐらいであったろう。

当の本人がいち早く立身ということを諦め、三の丸尾末町の簡素な屋敷に移り住み、三百俵の捨扶持を与えられて、十七歳から三十二歳までの十五年間を、何の展望ももてない部屋住みとして暮らしたのである。

この屋敷を自らの境遇になぞらえ「埋木舎《うもれぎのや》」と名づけ、専《もっぱ》ら茶の湯、和歌、国学等々を学び、ただ修行するだけの世を捨てた文人として過ごしたのである。彼もまた、学問に勤《いそ》しむしかなかったのだ。

余談ながら、私の出た高等学校は彦根城内内曲輪《うちくるわ》に在り、この「埋木舎」は至近にひっそりと佇んでいた。私は毎日のようにここを訪れ、吹き渡る風になびく屋敷の木々の嘆《なげ》くような声に耳を傾け、内堀でパシャッと跳ねる鯉の音まで耳に入る静寂に身を委ねて、屋敷内の奥の庭でひと時を過ごしていたことを思い出す。

今でこそ彦根の一つの観光施設となっているが、当時は人ひとり居らず、勝手に屋敷内の奥深く入り込むことができたのである。そこには確かに、敢えて拗ねて口を閉じているといった風情の、沈黙することのみで何かを訴えているかのような、世を捨てた空気が漂っていた。

井伊直弼は、ここで長野主膳《しゅぜん》から国学の教えを受けたのである。

しかし、十四男ともなれば、養子縁組の口さえなかなか難しい。延岡藩から養子の話があったが、立ち消えたという話も伝わるが、直弼は生涯部屋住みであることを覚悟せざるを得ない境遇にあったのである。

ところが、世の中は何が起こるか分からない。驚くべきことに、世捨て人であることを自認し、受け容れていた直弼に藩主の座が転がり込んできたのである。その後の歴史を考えれば、それが彼にとって幸せであったのか、不幸なことであったのか、それは何ともいえない。直弼の幸不幸は、直弼自身が決めることであろう。

嘉永二（１８４９）年、岩瀬忠震はようやく「西の丸御小姓組番士」として出仕、切米三百俵を賜る身分となった。この時、忠震三十二歳。奇しくも、世捨て人であった井伊直弼が藩主となって表舞台へ登場した年齢と同じである。

部屋住み世捨て人大名と旗本の養子。この二人が、日本を国際舞台へ引っ張り出す通商条約締結の主役を務めることになるのである。

2　阿部正弘による抜擢

晴れて役に就いた岩瀬忠震は、嘉永二（1849）年二月から甲府の学問所の学頭を務め、二年後の嘉永四（1851）年二月、江戸に戻され、昌平黌教授方出役《でやく》を命じられた。つまり、当初忠震は、その学識を買われて儒官的な仕事に就いたのである。

昌平黌とは幕府直轄の教学機関で、公式名称を「学問所」という。この起源は、寛永七（1630）年に林羅山《らざん》が上野忍岡《しのぶがおか》の屋敷内に開いた私塾である。羅山がここに孔子廟を建て、その維持・運営を代々林家が継承してきたが、元禄三（1690）年、五代将軍徳川綱吉がこれを神田湯島に移転させた。その頃からこの一帯を、孔子の生地・昌平郷に因んで「昌平坂」と呼ぶようになった。「昌平坂学問所」という呼び方は、ここからきている。

そして、寛政二（1790）年の「寛政異学《いがく》の禁」に際して、この「学問所」を林家から切り離して、制度や職制を設けて公的な教学機関としたのである。現在の湯島聖堂の大成殿が、ここでいっている孔子廟である。

昌平坂学問所は、幕府の唯一の公式な教学機関であったが、決して直参しか学べなかったわけではなく、各藩からも藩士や郷士を受け入れ、素地と意欲があれば、士分であれば浪士すら受け入れたのである。教育機関における幕府の、このような〝門戸開放〟ともいうべき政策は、幕府の伝統的なやり方であり、講武所や長崎海軍伝習所などでも同様であった。封建的身分制の社会とされながら、こういう身分というものに比較的大らかな点は、徳川政権の顕著な特性として注目する必要がある。このことが、遠因ではあるが徳川政権を倒す勢力を育む背景となったからである。

忠震は、自分が学んだ学問所の教授方となったわけだが、忠震が学んでいた頃の学友には、咸臨丸で渡米した木村喜毅（摂津守）や忠震と共に外国奉行を務めた永井尚志、そして、堀利熙《としひろ》などがいる。

この頃、既に学問所は幕府の官吏登用とリンクさせることによって幕府の官吏養成機関ともなっていたことにも注目する必要がある。試験の結果、優秀な者を甲科合格と乙科合格とし、甲科合格は文句なしで「御番入り」の資格が与えられ、乙科合格はそれに準じる者として、特に武芸に秀でた者などから順に番入りできたのである。

天保十四（1843）年、忠震は堀利熙と共に乙科合格となったが、この時の乙科合格者は二十五名、甲科合格となると僅かに五名であり、後に小栗上野介の盟友となる栗本鋤雲《じょうん》はその一人であった。また、永井尚志、木村喜毅は、嘉永元（1848）年の甲科合格組である。

甲乙つけ難いという表現通り、甲科合格も乙科合格も当代のエリート候補であったことは間違いない。現実に、忠震だけでなく、堀も栗本も、永井も木村も、徳川近代を支えるテクノクラートとして活躍したのである。

忠震は、漢詩や和歌に秀でており、学問所の教授方という役職は詩作や歌作にはうってつけの役職であったといえる。嘉永六（1853）年十一月には「布衣《ほい》」に昇格したが、淡々とした平穏な生活に変化はなかった。

身分制度も社会システムも一気に崩壊する時期のこと故、細かいことに一々こだわるが、この時期の「布衣」とは幕府における旗本の「格」を表わす言葉である。

もともとはその文字の通り、衣服の名称である。幕府は、細かい服制を定めていたが、この服制に依る「布衣」は、幕府の公式な儀式に下位の直参旗本が着用する無紋の狩衣《かりぎぬ》のことをいう。そして、「布衣」の着用を許された者は、朝廷官位の六位に相当すると看做《みな》されたことから、身分格式を表わす言葉としても使われた。

武家官位の授与には、幕府からの「奏請《そうしょう》」、朝廷からの「口宣《くぜん》」、そして、「位記授与」等、それなりに面倒な正式手続きが必要であったが、「布衣」はこの手続きを経ないが、六位を授与された者として扱われるのだ。つまり、武家官位でいえば、最下位に属する身分である。

ついでながら、「布衣」より上位の従五位下の直参を「諸大夫《しょたいふ》」という。逆に、「布衣」以下の直参を「平士」と呼ぶが、直参の大部分は「平士」であった。

「布衣」は最下位とはいえ、官位を授与された者であるから、全体でみれば武家社会の上層に位置するのである。

こういう「布衣」に昇格したことは、忠震にとっても一つの節目であったが、ここまでの忠震の生活は、嘉永六年の秋に妻孝子を亡くしたものの、基本的には平穏なものであった。

忠震という男は、生活の平穏さに似合わず血気盛んな人物で、常に天下国家に想いを馳せ、我が身の今に不甲斐なさを感じていたようである。しかし、この男は常に勝気で、突っ張っていたようでもある。

酒には弱かった。しかし彼は、世人は醒めていてフラフラしているが、自分は酔ってなお厳《おごそ》かであるなどと強がり、世人は因習に捉われているが、自分は世の常に逆らうから「酔」であるなどともいうのである。彼は生涯「狂」であると自認していた男であるが、確かに「酔」は「狂」に通じるとする漢文的指摘もあり、彼が敵だらけの中を強引に通商条約調印に突き進んでいったのは、この「狂」の為せるところとする忠震評は多い。

彼が、徹底した自由貿易主義者となるのは、もう少し後のことである。

この時期、日本を取り巻く環境は、台風に譬《たと》えれば上陸前夜といったところであった。忠震が「布衣」に昇格した直前の六月、ペリーが浦賀に来航、七月にはロシアのプチャーチンが長崎に来航したのである。

日本を取り巻く環境が、才気に満ち溢れた岩瀬忠震を表舞台に引っ張り出そうとしていたのである。

嘉永七（1854）年正月、岩瀬忠震は、目付・海防掛として浦賀出張を命じられた。というのも、ペリーが浦賀に再来航したのだ。

勿論、この時点で忠震がペリーとの交渉の前面に立ったわけではない。しかし、彼は、いよいよ幕府の対外交渉、即ち、徳川近代政権による外交の前線へ送り出されたのである。忠震や川路聖謨、水野忠徳、永井尚志たちを登用し、国家の命運を賭けて欧米列強との談判の最前線へ送り込んだのは、老中首座阿部正弘である。

そもそも実質的に〝開国〟に踏み切ったのは、阿部正弘である。

江戸幕府は「鎖国」といわれることを行ってはいない。従って、「鎖国」という言葉も江戸期には一般社会に存在しない。ペリー来航に伴って幕閣の間で使われるようになったとする説があるが、そういう事実はない。「鎖国祖法」などという言葉も同様である。

尤も、幕府が諸外国に対して閉鎖体制を採っていたことは事実である。交易していた国や外交関係をもっていた国は限られていたし、海外渡航も外国人の入国も自由には行えなかったのだ。ただ、国を鎖していたという事実はない。

天保十三（1842）年、ペリー来航の十一年前に、阿部はそれまでの「異国船打払令」を廃し、遭難した外国船に対して飲料水や燃料の給与を認める「薪水《しんすい》給与令」を発令した。つまり、遅く見積ってもこの時点で幕府は、実質的に、かつ公式に対外政策を転換したといえるのだ。

「給与令」そのものは文化年間（1804～1818年）にも存在したが、天保年間ともなると日本を取り巻く国際情勢は全く異なっており、列強の対日接触の圧力が強まる中で、阿部は「薪水給与令」を発令したのだ。発令後、「打払令」の復活を主張する論もあったが、阿部はこれを退けている。

欧米列強の中で日本に強い関心を抱いていたのは、アメリカ、ロシア、イギリスであるが、中でもアメリカは、米墨《べいぼく》戦争（対メキシコ戦争）の前から日本に並々ならぬ関心を示していた。

ペリー来航の八年前、弘化二（1845）年、日本への使節派遣を決定、翌弘化三（1846）年、軍艦二隻が浦賀に来航した。使節は東インド艦隊司令長官ビッドル提督、目的は、日本が通商を行う意思があるかどうかの確認であった。日本側の回答は極めて事務的なもので、通商は国禁、外国との交渉は長崎のみにて行うというもので、ビッドルはこの回答をそのままもち帰っただけであった。

この感触を得て、アメリカ政府は方針を強硬路線と決定し、軍事的圧力を加えてでも日本と通商条約を締結する方針を固めた。太平洋経済圏の確立を目指すアメリカは東アジアにおいてイギリスに決定的な遅れをとることを恐れ、焦っていたのである。

ビッドル提督が、「国禁である」との日本側の回答をもち帰ったことに対して、アメリカ国内では「弱腰外交」という批判があったようだ。一日も早く太平洋航路を開設し、アジア太平洋経済圏を確立することは、イギリスへの対抗上喫緊の外交課題となっていたのだ。良質な港湾が多数存在し、石炭を豊富に産出する日本との通商関係を成立させることは、日を追うごとに重要性を増していたのである。平和的な外交交渉でそれが実現しない時は、軍事的圧力をかけてでも、という空気が強まり、ペリー提督の起用もそういう意図を含んだものと理解していいだろう。この国の外交交渉の基本は、今に至るも一貫して力を背景としている。

果たして、嘉永六（1853）年六月、ペリーは浦賀沖に来航した。この時点で忠震は、まだ「布衣」に昇格していない。

浦賀奉行所は阿部の裁可を仰ぎ、ペリーの求める大統領国書受取りについて、その諾否を回答する前に長崎へ回航するよう、ペリーサイドに要請した。ビッドルの場合と同じである。しかし、ペリーはこれを拒否、兵を上陸させ江戸へ進出して国書の受取りを求める姿勢を示した。これはもう、立派な恫喝外交である。

この事態に対して、阿部はどう対応したか。

幕府は、オランダに提出を義務づけていた「オランダ風説書《ふうせつがき》」によって、かなり詳細な海外情報を得ていた。それによって、ペリーの来航そのもの、その目的は事前に把握していたし、来航する艦名まで掴んでいた。更に、司令官がオーリック准将からペリーに交代するであろうこと、上陸用並びに包囲戦用の資材が積み込まれたことまで、「別段風説書」とそれに添えられたバタフィア総督の書簡によって承知していたのである（『オランダ風説書』松方冬子　中公新書）

一般論でいえば、上陸用資材や包囲戦用資材を積み込んでいると知れば、ペリーが武力行使に及ぶかどうかは断定できないもののその可能性はあると認識するのが普通である。問題は、幕府が米墨戦争についての情報を得ていたかどうかである。

実は、ペリー来航情報を伝えたオランダ風説書（別段風説書）は嘉永五（１８５２）年のものであるが、これは米墨戦争については何も情報をもたらさなかったのである。このことも、松方冬子氏や金井圓《まどか》氏の研究によって明らかになっている。米墨戦争の結果は、アメリカとメキシコの軍事力、日本と比べてのアメリカの軍事力レベルを推し測る上で極めて重要である。

しかし、もともと幕府はオランダ風説書以外に、「唐船《とうせん》風説書」によっても海外情報を入手していた上、帰国した漂流民、密入国者などからもさまざまなレベルの情報を入手していた。時には、これらの〝非正規ルート〟からの情報と公式ルートによるオランダ風説書の情報を照合することすらあったのだ。

オランダ風説書に記載し、公式に江戸へ送付するかどうかは、実は通詞たちと長崎奉行の裁量の範囲内にあった。オランダ商館がもたらす情報がすべて風説書に記載され、幕府へ報告されたわけではないのだ。オランダ側がこの情報は江戸へ知らせておきたいと願っても、彼らにその裁量権はなかったのである。決定権は通詞たちと長崎奉行にあり、突き詰めれば長崎奉行の権限であった。

この重大な戦いのことはオランダ風説書には全く記載されなかった。長崎奉行や通詞たちは、戦争のことは知っていたはずである。しかし、この、戦争があったという情報を幕閣に知らせる必要はないと判断したことになる。

しかし私は、幕府は米墨戦争に関する情報を掴んでいたのではないかと考えている。幕末の海外情報入手ルートは、更に多くなっている。戦争の結果程度は、十分把握していたと考えている。

それは、阿部正弘の決断に影響を与えたはずである。

阿部は、御三家末席水戸藩の徳川斉昭《なりあき》を「海防参与」というわけの分からぬ役職に就けて幕政にコミットさせた。徳川斉昭のどこを評価したのかといえば、実は全く評価していなかった。

水戸徳川家の隠居に追いやられていた男が暇をもてあまして外からあれこれ口出しするのが厄介なので、これを内へ入れてしまって飼い慣らそうとしたに過ぎない。阿部は斉昭を「獅子のような方」だと評し、「獅子は古来、毬《まり》にじゃれて遊ぶもの」だとして毬を与えて遊ばせておけばいいと考えた。つまり、「海防参与」とは阿部が遊び用に与えた毬なのである。

このあたり、阿部という人物は意外にも策を弄する政治家を気取るところがあるようにみえてならない。斉昭に毬を与えたつもりで、水戸光圀以来の水戸学によるヒステリックな尊皇攘夷派の巣窟・水戸藩を取り込んだつもりでいたのであろうか。もし、それによって、長州を中心とした過激な暴力的尊攘原理主義者たちを抑えられると考えていたとすれば、それはその風貌通り甘いといわざるを得ない。

阿部の渾名《あだな》を「瓢箪《ひょうたん》なまず」という。のらりくらりとして捉えどころがない、という意味であるが、終始人の話を聞くことに専念するその姿勢は、よくいえばバランス重視、悪くいえばリーダーシップの欠如といえるだろう。つまり、調整型の政治家であったのだ。但し、これはテクニックとしての表面上の自己演出であったかも知れない。


そもそも幕政というものは、「溜間《たまりのま》」詰譜代大名の専権事項であった。御三家は、あくまで将軍家の血を絶やさないための備えに過ぎず、幕政には一切口出しできないという不文律が存在した。現実に、これ以前に御三家から将軍職を出したことはあったが、御三家のいずれかが幕政に口を出した例はない。

従って、徳川斉昭に「海防参与」という毬を与えたことは、異例中の異例のことなのだ。更に阿部は、外様《とざま》である薩摩・島津斉彬《なりあきら》に積極的な幕政参加を行わせた。このことも前例には全くないことであった。御三家と外様の登用……これも阿部流のバランス型政治であったのか。

このことは、大きな禍根を残すことになるのだが、そのことは今は措《お》くとして、結局阿部は、ペリーの要求する国書受取りについて、

「国禁を取捨するは遺憾なりと雖も軽率にこれを拒絶し兵端を開き国家を危機に陥るは我国の長計に非ず」

として、国書受取りの閣議決定に漕ぎつけてしまうのである。そして、浦賀奉行所に対して、アヘン戦争（阿片騒乱）の先例をもち出し、浦賀での国書受取りを指示した。

米墨戦争において、メキシコ軍は主力兵器として小銃を用いており、大砲も備えていた。それでもアメリカ軍に敗れたのである。まだ火縄銃レベルから完全には脱し切れていなかった幕府や諸藩がアメリカと戦端を開けば、我が国の敗北は明白である。つまり、アメリカの要求を拒否して尊攘派が喚くような攘夷を決行することは不可能なのだ。阿部には当然、このことがよく分かっていたのである。

アメリカ大統領国書を受け取った阿部は、この和訳文を幕臣は勿論、諸大名、諸藩士から町方に至るまで広く一般に開示するという、これまた前代未聞の手を打った。決定的なことは、朝廷にも報告したことである。

この施策を「画期的な情報公開」とか、朝廷や諸大名への武力統制を改め「言路洞《げんろとう》開《かい》」に踏み切ったなどと評価する向きがあるが、それは余りにも稚拙な現代的解釈というべきで、私は、明らかな誤りであると考えている。一国の命運を左右する重大事に際して、幅広く意見を聞くといえば聞こえはいいかも知れないが、政治家としては無責任極まりない。現代でも「政治リアリズム」を欠いた政党に政権を担当させたらどういうことになったか、私たちは既に経験済みのはずである。

尤も、阿部がこれを一種のポーズとしてやったのなら、それはそれでいい。しかし、真面目に、真剣にやっていたとしたら、それこそ愚の骨頂というべきであろう。

阿部の〝諮問〟に対して、寄せられた意見書は、諸大名から約二百五十件、幕臣からは約五百件に達したという。中には、吉原の遊郭の主からの〝提言〟もあったという。

楼主《ろうしゅ》の意見は「酒を振舞い、仲良くしたと見せかけて、泥酔したところを包丁で刺し殺せ」というものであったようだが、この提言採用の暁には、という商売上の見返りも要求しているから可愛いといえば可愛いものであった。

意見書の大部分は、「要求の受け入れ、やむなし」「できるだけ引き延ばすべし」という類のものであったが、共通している大前提は、我が国にはまだ対抗できる軍事力がないとしている点であった。

つまり、この諮問が愚作であったとしても、今、攘夷戦争に踏み切れば負けるという認識がこの時点の武家社会の共通認識であったことが判明している点は注目されるべきであろう。

嘉永七（1854）年三月、阿部政権は遂に「日米和親条約」（神奈川条約）を締結した。二百年という長きに亘《わた》った「俗にいう鎖国」を終焉させるという、歴史的な決断であった。忠震は、まだ表舞台で活躍できるポジションではなかったが、この歴史的な現場にいたのである。

阿部正弘には、多くの功績が認められる。もともと列強、特にロシア、アメリカとの武力衝突を避けるためには開国もやむなしと考えていた阿部は、これを段階的に実施しようとした。そして、列強と外交関係をもつことによって技術導入を図り、それを通じて先々列強に対抗し得る国家体制を創り上げるというビジョンをもっていたことは確かである。ひと言でいえば、「富国強兵策」である。このビジョンは明治新政権のコンセプトのようにいわれているが、これこそ徳川近代の基本的な方向観であったのだ。明治新政権には、そもそもビジョンと呼べるものは何ももち合わせがなかったのである。

阿部が「日米和親条約」の締結に踏み切ったことは大きな功績であるが、その他、講武所や長崎海軍伝習所の設立、西洋砲術の導入・推進、大船建造の禁の緩和、蕃書調所《ばんしょしらべしょ》の創設、若手幕臣の積極的な抜擢登用など、その施策は前述した通り、その後の幕府、日本を支える基《もと》を創ったといっても過言ではないのだ。

特筆すべきことは、阿部の人材登用によって、ジェネラリストとテクノクラートが見事に補完関係をもつ幕末の優秀な官僚群が一団として形成されたことである。忠震もこれに依って外交の表舞台へ踏み出したのである。

このような阿部の人材登用策がなかったら、徳川近代における対外交渉、特に日米交渉は成立しなかったに違いない。

3　堂々たる初めての日米交渉

老中首座阿部正弘の幕政改革の核を成す人材登用策によって、若手を中心とする優秀な幕臣が外交の第一線に躍り出てきた。「海防掛」に川路聖謨《かわじとしあきら》、水野忠徳、筒井政《まさ》憲《のり》、永井尚志《なおゆき》、そして、岩瀬忠震《ただなり》などが起用され、堀利熙《としひろ》が箱館奉行に、講武所に高島秋帆《しゅうはん》、蕃書調所《ばんしょしらべしょ》に古賀謹一郎などが起用されたのである。

嘉永七（１８５４）年三月三日、歴史的な「日米和親条約」が締結された。早速翌四月（安政元年）から台場建設が始まった。併せて、大砲の鋳造、大船の建造も進められたが、忠震はこれらの改革事業に関わっている外、「講武所設立御用」も命じられている。彼は、阿部の幕政改革の最前線にいたのである。

しかし、この時点での忠震はまだ幕府外交の中心にいたわけではない。阿部政権の改革を推進する重要な駒であったことは事実であるが、安政元年のこの時点では、彼は普通に公務をこなしていたといった状況であった。決して、八面六臂《はちめんろっぴ》、東奔西走といった表現を使うべき日々ではなかったのだ。彼が主役を演じることになるのは、安政五（１８５８）年に締結される「日米修好通商条約」の調印とそこに至るまでのハリスとの交渉においてである。

では、歴史的な「日米和親条約」の締結と、その後永い歴史を刻むことになる、締結に至る第一回の日米交渉は誰が行ったのか。

それは、林大学頭《だいがくのかみ》復斎《ふくさい》である。

林復斎は、林家中興の祖と評される林述斎の六男として生まれ、岩瀬忠震、堀利煕は復斎の甥である。即ち、和親条約を叔父が、通商条約を甥が締結したことになるのだ。

復斎は、第二林家の養子となってその家督を継いでいたのだが、ペリーが来航した嘉永六（１８５３）年に林大学頭家第十代林壮軒が死去したため、急遽大学頭家を継いだ人物である。この時、復斎は五十四歳になっていた。

ただ彼は、それまでに紅葉山文庫の書物奉行、二ノ丸留守居、先手《さきて》鉄砲頭、西丸留守居《るすい》などを務めており、官僚としての評価も高かった。このキャリアが、ペリーとの交渉において役に立ったように感じられる。勿論、林家の人間らしく学問的素養も高く、昌平黌《しょうへいこう》の「総教」（塾頭）を務めた秀才でもあった。彼もまた、この時代の切れ者の一人であったのだ。

マシュー・ペリーは、嘉永七（1854）年一月、再び来航した。この時は、九隻の艦隊（内三艦が蒸気船）で来航し、浦賀を素通りして金沢沖に投錨した。尤も、九隻から成る艦隊が整然と艦列を成して来航したわけではなく、〝バラバラに〟とはいえないまでも最終的に九隻になったということであり、来航の仕方そのものが「艦隊」の体《てい》を成していなかった。

第一陣の一隻マケドニア号（1341トン・帆船）が、後に小野友五郎が提起・設定した日本の海防線（観音崎と富津を結ぶ線）の内側まで入り込み、早速、三浦半島長井村沖で座礁するというあり様で、この事故の第一報は浦賀奉行所がペリー艦隊に通報したものである。そして、浦賀奉行所と彦根藩が救助に出動すると共に、事故の収拾に当たっている。

再訪の仕方が若干無様《ぶざま》ではあったが、浦賀奉行所の浦賀沖に停泊するようにとの指示に対して、ペリーはこれを拒否した。ペリーのやり方は常に強硬、高圧的であった。

実はこの時点でアメリカ本国では政権が民主党に移っており、ペリーの対日強硬策に対して強い警戒感が出ていた。民主党の新大統領ピアスは、ペリーの琉球・小笠原領有計画に反対していたのである。

その背景には、アメリカ同様に日本に通商を求めていたロシア、イギリス、フランスのアメリカに対する反撥があった。国内外から反撥を受けていたペリーは、一気に成果を挙げる必要に迫られていたのである。

更に、香港駐留中のペリーは、駐清国弁務官マーシャルと対立していたという事情を無視することもできない。ペリーは当然海軍長官の指揮下にあるが、弁務官は国務省の外交官である。実は、二人の対立はペリーの一回目の来航以前から続いていたのだ。

当時、清国では「太平天国の乱」が発生し、上海を中心とした沿岸部も決して安定した世情にはなかった。マーシャルは、弁務官として「アメリカ人居留民の生命・財産・活動の保護」を最重要課題としており、そのために蒸気艦を最低でも一艦清国に残すべきだと主張する。これに対して日本との条約締結を目指していたペリーは、日本に対しては軍事力の誇示が必要と考えており、指揮下の蒸気艦船を譲りたくはなかったのである。

再来航が予定より早かったのも、恐らくこのようなペリーを取り巻く環境が彼にとって決して有利なものではなかったからであろう。ここで中途半端な形で帰国した場合、先のビッドルの二の舞になることは必至で、解任の可能性すら否定できない。ペリーの高圧的な外交姿勢は、彼自身の個人的な事情に因るところが大であったのではないか。

ペリーの強硬姿勢は、それだけの理由であったのか。列強と呼ばれる国の軍人は皆同じようなものといえばそれまでであるが、事はそのような単純な理由では成り立っていなかった。

アメリカの目的は、あくまで日本と通商関係をもつことにあり、付随して蒸気船に必要な石炭補給のための港を提供させることにあった。これには、当然、支那（中国）市場の獲得で先行しているイギリスに対する国家としての対抗心が働いている。アメリカは、西へ、西へと拡大し、西部開拓は既に太平洋岸まで達していた。「次なる大西部」太平洋市場の制覇には、蒸気船がまだ太平洋を横断できない以上、どうしても日本との外交関係、通商関係が必要であったのだ。

現代なら、この仕事は国務省がすべて仕切るところだが、当時のアメリカ国務省アジア担当課は僅か五名という貧弱な体制であったという。在外公館として活動していた領事も、多くが商人領事であった。商人領事とは、貿易商が領事を兼務している形態の領事のことをいう。

当時の外交上の重要課題は「外交法権」であった。「外交法権」とは、法律の異なる外国で自国民が逮捕、抑留された時、これを保護する外交概念のことである。貧弱な体制の国務省が「外交法権」を発動することは実質的に不可能であり、海軍以外にこれを担い得る組織が存在しなかったのである。海軍軍人であるペリーが、まるで外交官のような体裁で対日交渉を行った背景には、アメリカ側のこのような事情があったことを承知しておく必要があるのだ。

さて、徳川近代にとって歴史的なペリーとの交渉について、いわゆる「官軍教育」による歴史叙述では、実は重要な事実が隠蔽もしくは無視されている。

そのもっとも重要な事実の一つは、ペリーが「発砲厳禁」の大統領命令を受けて来航していたことである。

アメリカ合衆国憲法では、大統領は宣戦布告の権限をもっていない。それは、議会の専権事項である。その議会は、民主党が多数を占め、日本宛て国書を発した大統領フィルモアの所属するホイッグ党（現在の共和党）は少数派であった。その上、フィルモアは副大統領から昇任した大統領であり、選挙の洗礼を受けていない。即ち、大統領フィルモアとその指令を受けているペリー艦隊は、議会に対して〝弱い〟立場にあったことを知っておく必要があるのだ。

このような背景から、ペリー艦隊は、「司令長官や乗組員に加えられる暴力に対する応戦」以外には「軍事力に訴えてはならない」という厳命を受けて来航している。彼らは、どこまでも「平和的な外交使節」であらねばならなかったのである。

ペリーが艦隊の威力を誇示し、常に高圧的な態度を保持しようとしたのは、出国前にこのような強い命令を受けていたからであることは、まず疑いのないところである。このことを知っておけば、来航したペリーが事あるごとに礼砲を撃ったことも容易に理解できるのである。

軍艦でありながら「発砲厳禁」という強い制約を受けて来航したペリー艦隊は、国際的にも「発砲できない」もう一つの大きな背景要因を抱えていた。

当時のアメリカは、まだ建国から八十年弱という「新興国家」であり、さまざまな面で旧宗主国である超大国大英帝国に頼らざるを得ない面をもっていた。

次なる大西部＝太平洋経済圏の構築を目指して当時としては巨大な蒸気機関を備えた軍艦を保有し始めていたが、燃料の石炭や乗組員の食糧などの物資を手当てする補給線をもっていなかったのである。アジア地域に強力な補給線を確保していたのは大英帝国であり、アメリカはこれに頼らざるを得なかった。そのため、イギリスと〝張り合う〟姿勢を見せても、実際に衝突することは絶対にできなかったのだ。

もし、ペリー艦隊であれ誰の艦隊であれ、「誇り高き」徳川幕府の統治する日本と交戦状態に陥れば、イギリスが「中立宣言」を発することは明白であり、そうなると国際法によってすべてのアメリカ船は、イギリス支配下のアジア地域のすべての港に寄港することが不可能となり、物資の補給は断たれるのだ。アメリカとしては、これは断じて避けなければならない。

明治近代政権の書いた官制の歴史を忠実に教え込んできたこれまでの公教育では、必ず「砲艦外交」だ、「軍事的圧力に屈した不平等条約」だなどと繰り返し、これは今でも正史として語られているが、黒船来航に関する一連の叙述は、殆どすべてが史実と大きくずれている。空砲、礼砲以外には絶対に発砲してはならない大砲を備え、何があっても日本に対して軍事力を行使してはならないというがんじがらめの制約を受けたペリー〝艦隊〟にできることは、ハッタリとしての示威行為と平和的な交渉以外にはなかったのである。

先に、老中首座阿部正弘が我が国の対応について外様大名から民間に至るまで幅広く意見を求めたことを述べたが、大統領国書受理直前に林大学頭復斎の門下生である仙台藩士大槻平次が、林の諮問《しもん》に答えている。その骨子は、以下の通りである。

●黒船四隻の戦力は強大であるが、彼らには交戦の意図は全くない。彼らには補給線がないからである。
●彼らの意図は、蒸気船用の石炭補給地の確保である。
●薪水給与地として下田や鳥羽の案があるが、下田の場合は韮山代官江川英龍《ひでたつ》を登用すべきである。
●彼らが万里の波濤を越えて、断固たる決意を以て来航したからには、当方も多少は「御聞届《おききとどけ》」すべき（妥協すべき）であろう。
●江戸湾防備に当たる四藩による海岸防備の費用は莫大で、このままでは疲弊する。
●交易は許すべきではない。
見事なものである。

この、林復斎の諮問に応えた私的な意見具申は、幕閣にも回覧された。そのことを考えると、後に「応接掛」（交渉団）の全権を林が務めたところから、史上初めての日米交渉に当たった幕臣外交団のスタンスに大きな影響を与えた可能性がある。

幕府は、一年ほど前からペリー来航を把握していた。艦名も、司令長官がオーリックからペリーに代わったことも把握していたのである。そして、来航地を長崎か浦賀と予測し、長崎のオランダ通詞の配置転換、浦賀奉行所の体制強化を図っている。

もっとも重要なことは、幕府が「避戦」を基本方針としたことであろう。

凡《およ》そ外交という国家行動を考える時、軍事力という力の背景をもたない外交交渉というものは成立しない。しかし、幕府はまだ海軍力をもっていなかった。それでも海軍力以外の軍事力を検討し、日米の軍事力を比較分析したようであるが、その結論が「避戦」であった。要するに、勝てぬ戦《いくさ》は避けるということであったのだ。

「元和偃武《げんなえんぶ》」という平和コンセプトともいうべき治世の基本方針を掲げて以来二百数十年、「避戦」「非戦」は徳川幕府の基本方針である。現実論も踏まえた上で、幕府は、初めての日米交渉においてもこれを貫こうとしたのである。

さて、ペリー再来航の直前、幕府はペリーとの談判に臨む「応接掛」＝外交団を編成した。林大学頭、町奉行井戸対馬守覚弘《さとひろ》、目付鵜殿《うどの》民部少輔、儒者松崎満太郎、これに江戸城詰め浦賀奉行伊澤正義を加えた五名である。

閉鎖体制を採っていた徳川幕府には、外交を専門に担当する組織は存在しない。従って、今日でいう「外交官」もいないのである。若干乱暴な話であるが、林復斎は学問ができる、だからお前がやれ、といった感じでいわゆる全権に指名されただけである。加えて復斎は、先述した通り大学頭を継いだばかりであった。

ところが、この林大学頭がペリーを相手にして見事な外交交渉を展開したのである。前述したように、ペリーはさまざまな制約を受けて交渉に臨んでいるが、それを差し引いてもこの交渉は幕府外交団が押し気味であった。少なくとも、全く対等に渡り合っている。

明治近代百五十年強の間における日米交渉において、日米が実質的にイーブンに渡り合ったことは一度もないが、それ故にこの歴史的な第一回日米交渉の詳細は、官軍正史で語られることが少ないのであろう。明治近代になってからは全くできないことを、徳川近代ではやっていたということは、今日に至るまでの明治近代政権にとっては都合が悪いのである。

森田健司氏（大阪学院大教授）や加藤祐三氏（横浜市立大名誉教授）の研究によって、この交渉過程がかなり詳細に判明しているが、これらを参考にして林とペリーのやり取りを、一部紹介しておきたい。

なお、表現はあくまで発言主旨であって、発言そのものではない。森田氏と加藤氏の研究は、外交団が公式記録として残した『墨夷《ぼくい》応接録』とペリーの海軍長官宛報告（米国議会文書）をベースにしている。林とペリーの交渉は、嘉永七（１８５４）年二月十日から始まった。先ず林が大統領国書に対する回答を行った。

林　貴国大統領書簡で要望があったものの内、薪水食糧と石炭の供与は差支えない。漂流民の救助も我が国法通りである。以上二条は了承するが、交易等は承諾しかねる。

この時、ペリーは別件をもち出す。

ペリー　ミシシッピー号の乗組員一名が病死した。海軍の慣例では、その地で当方

林　の自由に埋葬する。地形などから夏島を希望するが、承知願いたい。

ペリー　不憫《ふびん》に思う。軽輩とはいえ人命に軽重はない。我が国では寺に葬るのが常であり、いずれの国の者でも無人の地（夏島）に葬るのは不憫である。浦賀の燈明台の下は如何か。

林　ここから浦賀に送るのは手間取る。今回の交渉により、どこかの港にアメリカ人の滞在が可能となるはずである。その都度浦賀まで行くのは大変である。

ペリー　浦賀には外国船は入れない。墓参が必要なら、その時に改葬されればよい。

これに対してペリーは「ご配慮に感謝する」としかいえなかった。この話題は、明らかにペリーのジャブであろう。ここでペリーは一気に攻勢に出る。

ペリー　我が国は人命尊重を第一として政策を進めてきた。自国民は当然のこと、国交のない国の漂流民でも救助し、手厚く扱ってきた。しかるに貴国は人命を尊重せず、近海の難破船も救助せず、海岸近くに寄れば発砲し、漂着した外国人を罪人同様に扱い、救助した日本人を送還しようにも受け取らない。自国民をも見捨てているようにみえる。これらは、如何にも道義に反する行為である。

我が国のカリフォルニアは、太平洋を挟んで日本国と相対している。今後、往来する船は増えるはずであり、貴国の国政が今のままでは困る。多くの人命に関わることであり、放置するわけにはいかない。国政を改めないならば、国力を尽くして戦争に及び、雌雄を決する用意がある。我が国は隣国メキシコとの戦争で、その首都まで攻め取った。事と次第によっては貴国も同じようなことになりかねないであろう。

これは、ペリーのあからさまな恫喝《どうかつ》である。これに対して林が反論する。

林　戦争もあり得るだろう。しかし、貴官のいうことは事実に反することが多い。誤った伝聞をそのまま信じ込んでいるようである。

我が国政に疎《うと》いのはやむを得ないが、我が国の人命尊重には世界に誇るべきものがある。この三百年にも亘って平和な時代が続いたのも、人命尊重があってのことである。

第二に、大洋で外国船を救助できなかったのは、大船の建造を禁止してきたからに過ぎない。

第三に、他国船が我が国近辺で難破した場合、必要な薪水食糧には十分な手当てを行ってきた。貴官の指摘は事実に反しており、漂着民を罪人同様に扱うというのも事実に反している。漂着民は手厚く保護し、長崎に護送、オランダを通じて送還している。貴国民の場合も同様であり、既に措置を講じて送還済みである。

貴官が我が国の現状についてよく考えれば、疑念は解消する。積年の遺恨もなく、戦争に及ぶ理由はない。とくと考えられよ。


ペリーは、「今後も薪水食糧石炭の供与と難破船救助を堅持されるなら結構である」と、引き下がらざるを得なかった。林の反論は実に冷静であり、ペリーの「戦争」という言葉を使った脅しは全く通用しなかった。

しかし、ペリーの攻勢は続く。

ペリー では、交易はなぜ承知されないのか。そもそも交易とは有無を通じ、大いに利益のあることであり、最近はどの国も盛んに行っている。それにより諸国は富強となり、貴国の国益にも適う。ぜひそうされよ。

林 交易が有無を通じ国益に適うといわれたが、我が日本国においては自国の産物で十分足りており、外国の品がなくても全く事欠かない。従って、交易は行わない。先に貴官は、第一に人命の尊重と船の救助と申された。それが実現すれば、貴官の目的は達成されたはずである。交易は人命と関係ないではないか。

この林の反論にペリーはしばらく沈黙し、一度別室に下がった後に回答した。

ペリー もっともである。この度の目的は、人命尊重と難破船救助が最重要課題である。交易は国益に適うが、確かに人命とは関係がない。交易の件は強いて主張しない。

この瞬間、ペリーは「通商」要求を取り下げてしまったのである。

これについては、ペリーが交渉の優先順位について混乱していたとする見方もあるが、いずれにしても、一貫して林大学頭の冷静な対応が目立っている。日本側は、事務方の対処も実に迅速であり、終始想定しておいたストーリーを乱すことはなかった様子がうかがえる。

この交渉を経て締結された「日米和親条約」は、林が署名の仕方までペリーの主張に従わず、我が国の流儀を押し通したこともあって、漢文版、日本語版、英語版、オランダ語翻訳版のどれが正本なのか分からないという奇妙な形になっているが、アメリカ側が主張した二十四か条は簡略に十二か条に圧縮されてしまったのである。

幕府は、避難港として箱館と下田を開港し、十八か月後以降にアメリカの領事または代理人の駐在を許可した。そして、アメリカに最恵国待遇を付与したが、治外法権は一切認めなかったのである。

このように、史上初めての日米交渉は、アメリカの勝利とはいえなかった。むしろ、日本側に分があったといっていいだろう。全権個人に対する評価をするならば、所詮外交官ではなかったペリーにとっては荷が重かったといえるかも知れない。林の論理展開力は、明らかにペリーを上回っていた。

既述した通り、国家としての軍事力の裏付けのない外交交渉は成り立たない。このことは、現代に至るも全く変わっていない。ところが、幕府は海軍力をもっていない。ペリーは、海軍力を背景にして交渉に臨んでいる。そして、林もまた本来の外交官ではない。林だけでなく、この外交交渉は日本人にとって初体験であったのだ。

そのような状況で、何故林はペリーを圧倒する外交交渉ができたのか。

ひと言でいえば、林を支えていたものは、武家の堅持していたアイデンティティというものであろう。加えて、確固たるアイデンティティに裏打ちされた胆力というものが備わっていたということではないだろうか。

この時点で、林以下の日本側外交団がペリーに対する本国指令の強い制約下にあったことを、どこまで知っていたかは定かではない。しかし、徳川日本を代表し、強大な軍事力をもつ国家の全権代表から「戦争をするぞ」と脅されて、軍事力ももたないのに「それもあり得るだろう」と堂々と受け止めた林大学頭。確かに、責任はこういう形でとるという精神文化で育った人間が権限を与えられて交渉しているのだ。確固とした覚悟が最初からあったからこそ、述べてきたような全く引けをとらない交渉ができたのであろう。

平成・令和の政権がアメリカには常に卑屈に従順な姿勢しか示せず、ロシア・中国には結局振り回されているだけという醜態《しゅうたい》を晒《さら》している様《さま》をみるにつけ、徳川近代政権の堂々たる外交姿勢にはただ感嘆させられるのである。

交渉に先立ち林大学頭が幕閣に対して、

「手前どもにお任せいただきたい」

と言い放っていたことを付言しておきたい。

4　日米修好通商条約は不平等条約か？

薩摩・長州を核とした勤皇討幕派が徳川幕府を倒し、明治新政府を立ち上げて以来この百五十年強の間、私たち明治近代の日本人が「不平等条約」「不平等条約」といって蔑《さげす》んできたのが、「日米修好通商条約」である。この条約は、それほど屈辱的なものであったのか。

それを解明するために、そのポイントを整理しておこう。

この条約を、不平等、不平等と非難する令和に至るまでの明治近代の日本人は、林復斎が堂々とペリーと渡り合って成立した先の「日米和親条約」のことを全く無視している。中には、ペリーが黒船でやってきて、弱腰の江戸幕府にいきなり不平等な通商条約を押しつけたというような、滅茶苦茶な歴史フィクションを〝知識〟と信じている人がなんと多いことか、驚くばかりである。

先の「日米和親条約」において林復斎は、十八カ月後から合衆国官吏を下田に駐在させることを認めた。それに基づいて、安政三（１８５６）年七月、ハリスが下田に来航し、同年十二月から蕃書調所において岩瀬忠震・井上清直とハリスとの間で通商条約交渉が始まったのである。

つまり、叔父（林復斎）が和親条約を締結し、その流れで甥（岩瀬忠震）が通商条約を締結するという格好になったのだ。なお、この時下田奉行であった井上清直とは、やはり対外交渉で力を発揮し、ロシア全権プチャーチンをも感嘆させた直参テクノクラート川路聖謨の実弟である。

ハリス来航を受けて、岩瀬は下田出張を命じられ、同年九月九日、初めてハリスと対面したが、あまり好ましい第一印象をもたなかったようだ。むしろこの時、オランダ船将ファビウスと親しくなり、彼から多くの影響を受けた。

ファビウスは、蒸気軍艦メデューサ号で長崎から箱館を経由して下田に入港したのだが、長崎には長崎駐在目付・海軍伝習所頭取として永井尚志が赴任していた。また、箱館奉行は、従兄《いとこ》の堀利熙であった。いずれも徳川近代を代表する幕臣官僚であり、外交について意見を異にするところもあったが、共に「攘夷？　愚かなことを！」といった開明派、自由貿易派官僚である。

安政二年十月、堀田正睦《まさよし》が老中に再任され、同四年までは実権はまだ阿部正弘が握っていたともいえるが、この頃は阿部政権の近代化路線を踏襲する堀田政権の時代である。この政権で外交実務を担ったのが「海防掛」であった。

ファビウスは、こういう岩瀬の知人・友人たちと交流をもっていた。特に、長崎では水野忠徳と、箱館では堀利熙と通商問題について突っ込んだ意見交換を行っていたのである。

岩瀬は、下田に来航したファビウスから友人たちの近況を聞くという、彼としては奇異な体験をした。確かに、水野や堀とはここ数年間会っていなかったが、オランダ人ファビウスは最近彼らに会っているのだ。この時岩瀬は、また長崎へ向かうというファビウスに水野への「託《ことづ》け」をしている。

下田において岩瀬も、ファビウスにさまざまな質問を投げかけ、貿易というものの国際的慣例などの知識を得たのである。

岩瀬が、自由貿易主義者へと急速に変貌していくのはこの頃からである。勿論、それ以前から彼は〝開明派〟といわれる先進的な官僚であったが、この頃からそれが「急進開明派」といってもいいほど他を圧して先進的になっていったように観察できるのだ。

勿論、それはファビウスの影響によるものだけではなかったろう。水野や川路と激論を交わし、堀や井上と語らい、宇和島藩主伊達宗城《むねなり》、福井藩橋本左内《さない》、そして、木村喜毅、伊豆韮山代官江川英龍らと交わる過程で、彼は自分の思考を進化させ、固めていったものと思われる。

ここに挙げた人物はごく一部であるが、何よりも阿部正弘、堀田正睦という二代続いた開明派政権の存在が決定的な要因であったことは確かであろう。この二人の老中首座は、岩瀬の明晰さ、決断力の速さを見抜き、対外国交渉となると必ずといっていいほど彼を起用したのである。

阿部正弘の幕政改革によって生まれた「海防掛」の面々は、江戸の時代ドラマに慣れ親しんだ私たちの想像の域を超えているほど、自由闊達《かったつ》に己の見解を上役に具申した。実にズケズケと上役にものをいうのだ。彼らは、今日の官僚の常識となっている「忖度《そんたく》」ということを知らなかったといってもいいだろう。

阿部と堀田は、そういう環境を創ったのである。この環境が、岩瀬たちをして自由貿易主義を堂々と主張させた大きな要因となったことは否定できないであろう。

岩瀬という男は、徳川家康を心底から尊崇する根っからの直参であった。この点は、徳川近代の柱とも位置づけられる小栗上野介と全く同じであった。

強烈な武家のプライド、直参旗本の意地を肚《はら》に秘め、好奇心がやたら強く、外国人を全く恐れずに自らも海外渡航を熱望していた、「前例に全く従わず」、「狂」を自認した岩瀬忠震。

こういう男がそのまま生きられた徳川近代という時代がなければ、日本は列強の植民地になることなく近代化の道を歩むことはできなかったはずである。

安政四（1857）年四月、岩瀬は、老中堀田正睦の諮問を受け、「開国、貿易、海外渡航」を柱とする上申書を提出し、翌五月、対蘭交渉のために水野忠徳と長崎に出発した。江戸に戻ったのは九月の末であった。

そして、十二月四日、井上清直と共にハリスの「応接掛」を命じられ、十二月十一日、ハリスと通商条約締結に向けての交渉を開始した。場所は、蕃書調所。この談判は、翌安政五（1858）年正月十二日まで、合計十三回に及んだ。

岩瀬と井上がこの条約を締結したのは、安政五年六月十九日である。条文については既にハリスとの間で妥結している条約であったが、朝廷の無知と混乱によってこれが五カ月も放置されたのである。

今日でも「不平等条約」と悪名高き、この「日米修好通商条約」の内容は、簡潔に

蕃書調所跡（九段南）
（写真提供／一般社団法人千代田区観光協会）

まとめると次の通りである。

●日本政府はワシントンに外交官、各港に領事を置くことができる。外交官・領事のアメリカ国内の旅行は自由。

●合衆国大統領は、江戸に公使を派遣、各貿易港に領事を任命する。公使・総領事の日本国内の公務旅行には免許を与える。

●日本とヨーロッパ諸国との間に問題が生じた時は、合衆国大統領が仲裁する。

●日本船に対して航海中のアメリカ軍艦は便宜を図る。

●下田、箱館に加えて以下を開港、開市する。

神奈川（神奈川開港六カ月後に下田は閉鎖する）

長崎

新潟またはその近くの港

兵庫

江戸　開市

大坂　開市

●これら開港地にアメリカ人は居留を許され、借地、建物の購入、建築は可。但し、

要害となり得る建築物は不可。（日本側が検分）

●江戸、大坂には商取引のための滞在（逗留）は可。居留は不可。

●両国商人は自由に取引できる。役人は介入せず。

●日本人は、アメリカ製品を自由に売買、所持できる。

●米、麦は、船舶乗組員用食糧としては販売可。積荷として輸出は不可。

●輸出入品はすべて日本の運上所（税関）を通す。

●アヘンの輸入は禁止。

●外国通貨と日本通貨は同種・同量で通用。即ち、金は金と、銀は銀と交換可。

●取引は日本通貨、外国通貨どちらでも可。

但し、開港後一年は原則として日本通貨で取引を行う。

●日本人に対して犯罪を犯したアメリカ人は、領事裁判所にてアメリカ国内法によって裁かれる。アメリカ人に対して犯罪を犯した日本人は、日本国内法によって裁かれる。

●アメリカ領事館は日本人の上告を、日本の役所はアメリカ人の上告を受け付ける。

●開港地におけるアメリカ人の外出許可範囲。

神奈川—東は六郷川（多摩川）まで。その他は十里
箱館—概ね十里四方
兵庫—京都から十里以内は禁止。他の方向へは十里
長崎—周辺の天領
新潟—後日決定

●アメリカ人は信教の自由を認められ、居留地内の教会設立は可。
●アメリカ人は日本の神社仏閣等を毀損《きそん》してはならない。
●宗教論争は禁止。
●長崎での踏み絵は廃止。
●アメリカ領事は、居留・来航アメリカ人に対し、日本の法律を遵守させることに努める。
●日本政府は、軍艦、蒸気船、商船、捕鯨船、漁船、大砲、兵器等を購入、または製造を依頼するため、アメリカ人を自由に雇用できる。学者、法律家、職人、船員の雇用も自由。
●本条約は１８５９年七月四日より有効。

●条約批准のために日本使節団がワシントンを訪問する。何らかの理由で批准が遅れても、本条約は指定日から有効。

●条約文は、日本語、英語、オランダ語にて作成。オランダ語文を原文とみなす。

さて、どこがどれほど〝不平等〟だというのか。この百五十年以上の間、ヒステリックに〝不平等〟と指摘され続けてきたそのポイントは、恐らく「関税自主権」と「領事裁判権」の問題であろうが、大筋においてこれを「不平等条約」と断じてきた理由はどの点にあるのだろうか。

実は、輸入関税の問題は、両者の間でさほど大きな論点とはなっていなかった。成立した関税率はハリスから日本側に提示し、日本側も同意したものだが、その関税率は以下の通りである。

●金銀貨幣、地金、日本に居留する者の衣類、書籍、諸道具　無税
●外国船舶の需要品＝各種動物、パン、塩漬けなど　1割
●酒類一切　3割5分
●その他の物品　2割

酒類などは嗜好品であるという理由で、何と35パーセントもの高率関税を課している。これは、例えば現代の米中間の報復関税並みの高率関税である。殆どの物品は20パーセント…この関税率を以て、これを「不平等条約」などとは断じていえないのではないか。

ハリスは、この関税率ならアメリカから年間五十万両の関税収入が入るだろうとの見込みを述べたが、実際にこの三年後の文久元（1861）年の日本の貿易額は、輸出が五百万ドル、輸入は二百万ドルに達し、その後もこの規模は急速に膨れ上がっていったのである。つまり、ハリスの見通しは決して間違っておらず、日本は自由貿易開始早々から貿易黒字を計上したのだ。

領事裁判権のことは、岩瀬も井上もさほど重要なこととは考えていなかったようなのだ。むしろ、外国人を日本の白州に引っ張り出して裁くというイメージに違和感さえ抱いていた。ハリスも「自分も岩瀬たちも始めからそうしようと思ったわけではない」という主旨の述懐をしている。

忘れてならないことは、開始早々から貿易黒字を計上するという国益をもたらした条約を、国内の尊皇攘夷原理主義者＝討幕派が破壊したことである。彼らは、結果的に日本の富を流出させたという点で、明らかに反日主義者であったと位置づけられるのだ。

自由貿易ということについて何の見識ももたない薩摩・長州・土佐の過激派たちは、反幕府の残虐なテロ活動に血道《ちみち》を上げていたが、自由貿易開始前後から彼らは外国人をもテロの標的にした。

そして、尊攘過激派が外国人を殺害し、或いは外国船を砲撃する度に幕府は損害賠償として貿易関税を下げざるを得なかった。無知によって知らぬ間にテロの後ろ盾となっていた「朝廷」……

そのテロの後始末は常に幕府が行わざるを得なかったのだが、真っ当な通商条約を最終的に「不平等」なものにしてしまったのは、実は討幕過激派とほかならぬ朝廷であったといえるのである。

討幕過激派のテロは、通商条約の価値を引き下げる方向に作用しただけでなく、対外協調路線に舵を切った幕府外交にも障害となって悪影響を及ぼした。

例えば、文久元（１８６１）年十二月、老中安藤信正は、竹内使節団をヨーロッパに派遣している。

　これは、ロシア人水兵が殺害され、ハリスの通訳を務めたヒュースケンが薩摩藩士に殺害され、水戸藩の浪士が、イギリス仮公使館が置かれていた品川東禅寺を襲撃するなど、外国人を標的としたテロが頻発する中、条約に定めた江戸・大坂の開市、新潟・兵庫の開港を延期するしかないとの方策が出され、その交渉のためにフランス、イギリス、プロイセン、ロシア、オランダ、ポルトガルを歴訪する「難しい目的」をもった使節団であったのだ。

　正使は、勘定奉行竹内保徳、副使は松平康直。副使には、当初桑山元柔《もとやす》、水野忠徳が候補に挙がっていたのだが、桑山は斜視であったことを理由に外され、水野は、イギリス通商代表オールコックの強い反対があってこれも外されたという経緯がある。

　実は、オールコックは水野が苦手だったのだ。

　彼はハリスと組んで為替レートの交渉で水野と渡り合ったことがあるのだが、水野の鋭利な論理とその展開力に太刀打ちできなかったのである。オールコックには、水野に対するコンプレックスがあったとみられる。

　但し、イギリスへ一時帰国したオールコックの助力もあって、竹内使節団とイギリスの交渉がもっとも具体的な進展をみせた。開港・開市の五年間延期を認めてもらう代わりに、水晶や酒類の関税率を大幅に引き下げることで合意したのである。ガラス類の関税に至っては、2割を5分まで引き下げざるを得なかったのである。

竹内使節団の対イギリス交渉は、一例に過ぎない。結局、薩摩・長州・土佐を中核とした尊攘過激派のテロは、自由貿易体制を構築して「富国」を図りつつあった徳川近代の足を引っ張り、結果として日本の富を流出させることに寄与しただけであったといえる。

ハリスとの交渉中、岩瀬は、次のような主旨の発言をしている。

●貴君はいつもイギリスなど外国の危険を説くが、私はそうは思わない。ヨーロッパ人も同じ天地間の人であり、誠実に対応すれば問題は起きないと思う。

●我が国は皆が栄えることを望み、幕府のみが強力になることを望まない。

これは、勿論外交交渉の中での発言であることを前提として理解しておく必要があり、甘いと批判されるかも知れない。しかし、自由貿易主義者岩瀬忠震は、既に日本国を唯一の基盤と考え、幕府という枠を超えていたのだ。

これは、薩摩・長州にはなかなか生まれなかった思考であり、それ故彼らは明治になってからも徳川近代を模倣するしかなく、また、模倣する要素が揃っていたという点で徳川近代の遺産を明治いっぱいかかって食い潰すことになった原因でもあるのだ。

通商条約の交渉相手であったハリスという人間は、決して清廉潔白な人間ではない。むしろ、通貨の交換比率の隙に乗じて私腹を肥やした我欲の強い人間であった。

しかし、この交渉においては岩瀬、井上の真摯な姿勢、自由貿易に対する熱意に打たれたとみえ、結構良心的に対応している。岩瀬、井上は、自分たちが未経験で分からないことは、正直に教えてくれ、という態度を示した。それに対してハリスも、正直に諸外国の事例を教えるというところが一度ならずあったのである。

後にハリスは、次のような主旨の証言を残している。

——彼らの議論のために自分の草案はしばしば真っ黒になるまで添削、改変せられ、その主意まで改正したこともある。このような全権委員をもったのは日本の幸福である——。

繰り返すが、日米修好通商条約を「不平等」な方向へ改変していったのは、長州・薩摩のテロリズムなのだ。自ら真っ当な条約を壊しておきながら、明治新政府が成立するや否や、これを「不平等」と決めつけ、その責をすべて幕府に被らせるとは実に悪辣な所業といわざるを得ない。

黒船来航以前から国際協調路線に転換していた徳川幕府は、優秀な直参官僚を育成、抜擢し、現在のアメリカ隷属的な政権ではとても不可能な、堂々とした対等な日米交渉を展開したという史実だけは、しっかりと記憶しておきたいものである。

5 無知蒙昧《むちもうまい》、正気の沙汰とは思われず

徳川近代を支えた幕臣官僚たちは、総じて合理主義者、或いは同時代人より合理主義精神に富んでいたといえる。岩瀬忠震などは、その最右翼であったといえるだろう。

三河以来という家柄の生粋の直参である小栗忠順がそうであるように、岩瀬もまた幕府の開祖徳川家康を尊敬していた。ただこの時、家康が開祖であるという徳川政権にとってもっとも重要な史実に拠って無条件に家康を尊敬していたのではない。家康が、二百数十年に亘る平和の礎を「仕組み」として創ったからなのだ。つまり、岩瀬にとって評価すべき功績、成果があり、従って尊敬に値するのだ。

確かに「尊敬」という心情は、「評価」という視線のチェックを経て初めて成立するものである。徳川近代という時代になると、門閥、血筋で生きてきた武家たちの間でも、成果や功績、実績を評価する気分が従来より強まっていて、こういう姿勢が珍しいものではなくなっていたことに留意しておきたい。阿部政弘政権の〝激しい〟といってもいいような人材登用策も、このような成果や実績を評価する時代の気分が背景にあってこそ受け容れられたものであろう。

一方でこの時期、「尊皇」という意識は、読書人階級たる武家としては当然の教養であり、これは思想というよりも武家たるものの知的常識であって、ごくごく普通の〝心情〟と呼ぶべきものであった。

ところが、討幕勢力にとっては、これは単なる教養でも知的常識でもなかった。彼らは、天皇を神聖視する「天皇原理主義」とも呼ぶべき幼稚な観念論をイデオロギーとして、討幕活動を展開しつつあったのだ。

実は、岩瀬も、岩瀬を厚く信頼していた老中堀田正睦も、この盛り上がる天皇原理主義というものを見損なっていたといえるだろう。それがあまりにも稚拙な思想故に、勤皇ムーブメント、尊皇気分というものを軽くみていたと思われるのだ。

確かに朝廷に政治的な実務能力は全くない。現実的な経済力があるわけでもなく、為政者としての見識をもった者がいたわけでもない。それで困ることは何もなく、統治の実権は幕府に委任しているとする「大政委任」という考え方は、慣習法として機能し、定着していたのだ。

岩瀬のような合理主義者にしてみれば、〝万世一系〟を誇る天皇という貴種は「有難いもの」ではあったが、政治的に評価したり、尊敬すべき対象ではなかった。ただ「有難い」もので、それ以上でも以下でもなかったのである。

ところが、天皇を拠《よ》り所とする考え方を知ったのは、徳川の治世が創ったエスタブリッシュメント（既成階級）に不平不満をもつ下級武士や下級公家であり、水戸学に被れた、観念論を振りかざすリーダー層とは微妙に異なる心情をもった不平不満階層であった。この心情は、文字通り「情」であって論理ではない。そして、世の中を動かす力としては論理より情の方が強いのだ。

鋭利な頭脳をもつ岩瀬も、開明派老中の堀田も、この点を読み誤っていた。孝明天皇やその取り巻き公家が攘夷を唱えていたとしても、正論を以てすれば通商条約締結の裁可を得られるものと考えていたのだ。

安政五（1858）年正月、堀田は、岩瀬と勘定奉行川路聖謨を引き連れて上洛した。条約勅許を得るためである。朝廷が如何に外交や国際情勢について無知無能であったとしても、それはどうでもいい。勅許を得ておけば攘夷を喚く不満分子を抑えることができるという考えであった。岩瀬だけなく川路も同行させたということは、二人のエースを伴っての上洛であり、堀田は一気に決着をつける決意であったことが窺われた。

ところが、朝廷とは堀田たちの思惑が通じる存在ではなかった。それは、外交に無知だとか、行政に無能であるなどというレベルの問題ではなく、徳川近代という時代を運営している堀田や岩瀬、川路といった既に近代人的な資質を身に付けていた者からすれば、この世のものとも思われないほどの古色を纏《まと》った、非論理的な集団であったのだ。

堀田は、二月九日昇殿、小御所にて孝明天皇に謁見したが、川路、岩瀬に昇殿は許されない。大政を委任され、行政全般を取り仕切る幕府の高級官僚とはいっても、そのような幕府内の身分は朝廷には通用しない。朝廷は、武家にも位階を与えており、すべてはこの朝廷位階が基準となるのだ。

更に厄介な現実があった。

堀田は、朝廷に通商条約の必要性を理解させ、攘夷を喚く反対勢力を抑えるために勅許を得ようとして上洛している。具体的には、朝廷に対して岩瀬と川路から説明させる心算《つもり》であったのだ。岩瀬は条約作成の当事者であり、彼の弁舌能力は幕府内でも抜きん出ていた。川路も豊かな外交交渉のキャリアをもち、彼は一部公家とも通じていた。

しかし、二人が如何に高い能力を備えていたとしても、朝廷に対しては通用しないのだ。

というのは、朝廷を説き伏せるといっても、岩瀬、川路は、一体朝廷の誰に解説、説明するのかという問題が立ち塞がるのである。

天皇に直接奏聞《そうもん》することは叶わないにしても、こういう時、関白や太政大臣といった朝廷の高官に直接話ができるのか。これが、できないのだ。

幕府高官が朝廷に「話をする」時、これを聞く朝廷の代表者は、議奏または伝奏である。そして、議奏《ぎそう》や伝奏《てんそう》というポジションまたはそのポジションにいる公家が高級公家かといえばそうではない。下級公家とはいえないまでも、位階は決して高くなく、いってみれば並みの公家なのだ。

議奏も伝奏も、鎌倉期から公家政権に置かれていた役職であるが、江戸期になるともともとの性格からかなり変質しているところがあるので、江戸期のそれについて簡略に述べておきたい。

議奏は、太政官以下の公卿が審議して出した結論を天皇に上奏したり、逆に勅命を公卿以下に伝える役職で、天皇と公卿たちを繋ぐポジションにあることを考えると大変な要職といえる。江戸期は定員四名で、内一人が昼夜の別なく待機して天皇に仕えた。

これに対して伝奏は、もともと上皇に近侍して議奏と同じように上奏、伝宣を行った者で、江戸期には「武家伝奏」が設けられ、幕府の意向や要請を天皇をはじめとする朝廷内部に徹底させる役割を負っていた。定員は二名である。

老中堀田は、幕府を代表している。しかし、朝廷に建議したい、同意を得たいと願っても、折衝できる相手は議奏と伝奏なのだ。彼らに語ったことは、本当に上級公家や天皇に伝わるのか、実際のところはそれすら分からないのだ。

ただ、朝廷が攘夷であるといっても、厳密に観察すると、過激派と穏健派に分かれていたことがみてとれた。

過激派の殆どは下級公家であった。彼らは、討幕派の下級武士がそうであったように、不平不満のはけ口として「攘夷」を唱え、幕府に反対していたところがある。和歌を創ったり、代書したりという内職をせざるを得ない貧乏暮らしの鬱憤《うっぷん》に、徳川近代の治世が反撥の火を点けたのだ。これも論理ではなく、怨みという感情であった。

一方穏健派は、攘夷ではあるが大政委任を原則とする幕府協調主義をとる者で、その筆頭が孝明天皇であった。そして、青蓮院宮《しょうれいんのみや》（中川宮）、内大臣三条実萬《さねつむ》、関白九条尚忠《ひさただ》などの上級公家がこの路線にいた。攘夷ではあるが、幕府と決定的に対立する心算はなく、民を苦しめる対外戦争は何としても避けたいという心情の一派である。

攘夷派にもっとも強く反対していたのが、太閤鷹司政道《たかつかさまさみち》である。鷹司政道の妻は水戸の徳川斉昭の姉であり、斉昭といえば頑迷な攘夷主義者のはずである。そのことを思うと、鷹司がアンチ攘夷派であったというのは不思議な気もするが、将軍継嗣問題が表面化してきた頃、斉昭の攘夷はかなり軟化しており、そのことも影響していたかも知れない。

鷹司政道という公卿は、もともと公家に政治ができるわけがないという、己の帰属する公家社会と公家という存在を冷徹に客観視した目をもっており、むしろこの思いが彼をアンチ攘夷派にしてしまったのではないか。何せ、数からいえば公家社会は攘夷で沸騰していたのである。

過激派と穏健派に分かれているというだけなら、堀田以下岩瀬たちは何か講ずるべき手立てがあったかも知れない。しかし、この時期の朝廷とは現時点で論理的に説明しようと試みても、それは不可であろう。信憑性に疑問符の付く史料を根拠に矛盾する論が〝散乱している〟としか思えない。大体、起きていることが〝支離滅裂〟であった。

もともと穏健派であった関白九条尚忠が、幕府寄りの姿勢を強めるようになった。これが、九条家と特別な関係をもつ井伊家井伊直弼が長野主膳を使って行った工作の結果であることは、まず間違いないであろう。

一方、アンチ攘夷派であったはずの太閤鷹司政道が、態度を豹変させて攘夷派に〝鞍替え〟した。明確な理由は分からないが、九条関白との権勢争いという見方が多い。つまり、九条関白に対する対抗心から攘夷派へ〝転向〟したわけである。太閤や関白がこの有様で、条約締結を国家的な課題として考えていた公家など、一人もいないのである。

実はこの時、公家たちが執心していたのは、自由貿易か攘夷かということより将軍継嗣問題であったのだ。そうなのだ、水戸斉昭の七男で一橋家に養子として入っていた一橋慶喜《よしのぶ》（後の十五代慶喜）か、紀州の徳川慶福《よしとみ》（後の十四代家茂《いえもち》）かという、いわゆる一橋派と南紀派の争いであったのだ。表向きは開国か攘夷かという争いがあり、私たちもついついこの国家的政治課題をめぐって京都政局が揺れ動いたように考えがちであるが、実は公家たちの最大関心事は将軍継嗣問題であったのだ。

いや、正確にいえば、条約締結か攘夷かという立場を決めるに際して、一橋派か南紀派かという将軍継嗣問題がオーバーラップしているのだ。従って、この時の京都政局はどちらか一つの問題だけで理解しようとしても、朝廷は錯乱しているとしか映らないのである。

この徳川近代の外交的難局に、徳川家の私事といってもいい将軍継嗣問題を騒ぎ立てたのは、何も公家だけではない。

例えば、薩摩・島津斉彬と土佐・山内容堂。

彼らは、開国・自由貿易主義者である。それ故に明治になってから「幕末の四賢公」などともてはやされたのではなかったか。二人は一橋派であった。

井伊家が九条家と特別な関係にあるように、島津家は近衛家と、山内家は三条家とそれぞれ深い関係を結んでいる。ならば、島津は近衛忠煕《ただひろ》を、山内は三条實萬を説き伏せて、堀田に協力すべきであったろう。已の主義主張を封印してまで、堀田老中の困窮を知りつつこれを放置し、一橋慶喜の将軍世子担ぎ出しには奔走しているのだ。「幕末の四賢公」とは官軍正史の後付け評価であるが、「賢公」とは聞いて呆れるところがあるのだ。

福井藩松平春嶽と彼の腹心とされる橋本左内、この主従になるともっといい加減である。

橋本はもとから開国・自由貿易主義者で、攘夷派であった松平春嶽は橋本に説かれて〝開明派〟といわれるまでに〝成長した〟とされるが、将軍継嗣問題については春嶽は一橋派であった。春嶽は、一橋慶喜を世子にすべく天皇に勅諚を出させようとしていたのである。もはや狂気の沙汰としか言い様がない。

福井藩は親藩・御家門である。親戚という立場で、宗家の後継ぎ問題に口を出すのもよかろう。しかし、天皇の勅諚の威力を借りて徳川家の世継ぎ問題を己の望む形に実現させようとは、この男は何を考えているのか。薩摩・長州が天皇をおもちゃのように政治的ツールとして好き放題に操る感覚に侵されてしまっているとしか思えない。春嶽とは、所詮この程度の人物であった。

ところが、春嶽主従にとっては困ったことに、朝廷内は開国派＝一橋派とはならないのだ。逆に、一橋派には頑迷な攘夷派が多かったのだ。その筆頭が、近衛、三条であった。

一橋慶喜は、誤解されていたのだ。開国派であり、「英明」な人物としてみられる一方で、公家社会ではあの徳川斉昭の息子ということでコチコチの攘夷派と認識されていたのだ。

「英明」「利発」というのも、私は誤解であると考えるが、攘夷派という認識は明らかに誤っている。こういう慶喜に対する見方の混乱も、この時期の京都政局を余計に解り辛くする面があるのだ。

さて、そこで春嶽と橋本はどうしたか。何と、開国・自由貿易主義を封印してしまったのである。橋本などは、積極的に尊攘激派のテロリストと交わり、さも尊攘激派であるかのように振舞っていたのだ。そこまでして、一橋慶喜の将軍世子を実現したかったのである。

賢公などと称された者も公家たちも、国家の重要外交課題より、徳川家の後継ぎ問題の方が分かり易くて介入し易かったのであろう。それに、世継ぎ争いというスキャンダラスな問題の方が、少なくとも難解な外交問題より面白いのだ。

これでは、堀田も岩瀬も川路も、堪《たま》ったものではない。

しかし、彼らは、道理も分からず、国際情勢も分からない公家相手に精一杯の努力を重ねたのである。

二月二十一日、岩瀬、川路は、堀田の宿所本能寺において東坊城《ひがしぼうじょう》、広橋の両伝奏と、久我、徳大寺、万里小路《までのこうじ》三議奏に対して、世界情勢を幅広く説きつつ、開国・通商条約締結が日本に不利益をもたらすものではなく、逆に先々の日本の発展にとって大いに益となることを懇切に説いて聞かせた。

しかし、岩瀬、川路がいくら熱弁をふるったとしてもそれを聞くのは伝奏と議奏である。関白や左大臣、右大臣といった、多少でも天皇に影響力を発揮する可能性のある上級公家には直接語ることができないのである。

そこで堀田は、こういう活動とは別に天皇に対する上奏文を奉呈した。ただこれも九条関白に上呈することになる。

堀田も上奏文において国際情勢を縷々《るる》解説し、扱い様によっては味方になる外国人を謂われなく仇敵にしてしまうのは天理人情に悖《もと》るものとして、全世界を相手に戦をすれば民を塗炭《とたん》の苦しみに遭わせることになると警告する。そして、相手が領事を置くならこちらも領事を派遣し、軍艦を出して商船を保護するなら当方も軍艦を出すなど、対等互角の勢いを張って、今は国力を養い武備を充実させるべきであると力説する。

しかし、朝廷には何をいっても無駄であった。無知の為せるところとしていたずらに外国人を怖がり、論理を理解せず情でしか動かぬ人間に何をいっても無駄であったということである。

それでも堀田は、伺書、建白書を何通も上奏した。しかし、朝廷から反応はない。堀田は、三月十六日、督促状を伝奏に送った。

その概要は以下の通りである。

●今回のことは日本の治乱盛衰がかかっている。尋常のお祝いの使者として参ったのではない。

●到着以来既に四十数日。堀田は不肖ながらこの度は公方様《くぼう》の代理であり、私の言葉は将軍の言葉である。

●一旦約束された参内の日限が沙汰やみとなるのは承服致しかねる。

●平常の使いなら半年でも待つ。しかし、この度のことは国際関係に直接重大な影響を与える。

●何なら至尊《しそん》（天皇）の御前で直接一々言上しても構わない。

堀田は怒っている。

それでも駄目であった。この督促状が、伝奏より先へ行き届いたかどうかさえ疑わしい。

九州大学名誉教授小野寺龍太氏は、『岩瀬忠震』（ミネルヴァ書房）において、次のように指摘している。

――堀田たちは御所向きのことは禁裏附きの都筑駿河守に任せきりで、自分たちが裏工作に走り回ってはいないようにみえる。すなわち堀田や忠震には実行手段に甘さがあった。半年後に井伊直弼が間部詮勝《まなべあきかつ》や長野主膳などを使って行った政略、すなわち志士の逮捕や公家への恫喝をこの時行っていれば条約勅許は下っただろう。衆愚を相手にする時は正面から説得しても無駄で、実力で押さえつけるか金で懐柔するしかない。堀田たちは基本的に正攻法だけだったから失敗した。品が良すぎたのである――。

確かに、堀田たちのやり方は品が良すぎたかも知れない。井伊なら、何としても勅許を得ようとするならばこういうことはやっていなかったであろう。

では、井伊はもっと品の悪い人物であったかといえば、それは違う。政権担当者が決意を固めた時の、責任感と肚の括《くく》り方の違いである。

むしろ着目すべきは、永年実質の何も伴わない天皇権威のみに寄生して生きてきただけで、近年急にチヤホヤされるようになった朝廷人の人としての質の悪さであろう。三月二十日、ようやく勅答が出たが、それは如何にも朝廷らしい、全く中味のないものであった。要約すると、次のような内容であった。

●墨夷《ぼくい》（アメリカ）のことは神州の大患で、国家の安危に関わる重大事である。

●東照宮以来の鎖国の良法を変更すると日本の安全も測り難いと天皇は憂慮されている。

●天皇は、もともと下田条約（日米和親条約）も問題であるが、この度の通商条約では国威が立たないとお考えである。

●朝廷の会議においても、この度の条約は今後の患いになるという意見で一致した。

●幕府においても御三家以下の諸大名といま一度衆議を尽くし、再度言上されたい。

要するに朝廷は、条約の意義は勿論、中味すら分からぬまま、「神州の大患」、「国威が立たない」などとこの国の国粋主義特有の観念論的言辞を弄し、喫緊の政治課題を先送りしているのである。そもそもそれが、重大な政治課題であるという自覚などないのである。

さすがに堀田は、直ぐ、

「国内で衆議を尽くす前に対米交渉に問題が生じたり、大英帝国を始めとするその他諸外国が攻勢に出るかも知れず、その場合は関東で決してよいか」

との伺書を提出、同時に、

「これまで外国人と交渉してきた川路左衛門尉、浅野和泉守、岩瀬肥後守から異国の事情を関白殿、太閤殿はじめ有志の方々に直接言上させ、天皇の御心を安んじたい。身分相違はわきまえているが、今は国家の安危に関わる事態、万事を簡略化して国家の大事を言上させたい」

との趣旨の建白書を提出した。

朝廷内では何度も会議がもたれたが、却って迷走、挙句に、

「衆議が出揃った上でなお決し難い時は、伊勢神宮のおみくじを引いて戦か和平かを決する」

などといい出す始末。堀田上洛以来、膨大な時間を弄した末のこれが結論なのだ。時の徳川政権には、既に〝近代感覚〟が生まれている。それに上位する権威であると思い始めた朝廷は、伊勢神宮のおみくじで和戦を決するというのだ。ならば、それで結論を出して、戦をするならする、和睦するならするでやってみればいい。実はそれもできないのだ。つまり、結論を出すということが朝廷にはできないのである。

幕末京都の朝廷とは、斯《か》くも愚劣な公家の巣窟であったのだ。

堀田は匙《さじ》を投げた。四月三日に京都を発ち、中仙道を江戸に向かった。

彼は、京都を発つ直前に江戸の幕閣に宛て手紙を書いているが、その中に、

「実に堂上方《どうじょう》は正気の沙汰とは思われず」

という真情を吐露したフレーズが含まれている。

その頃、公家たちは将軍継嗣問題で争っていたが、「攘夷」にだけは熱心な孝明天皇その人は、将軍の後継ぎ問題には全く興味も関心ももたなかったのである。

6 条約調印、大老井伊直弼の凄み

堀田正睦より一足早く京を発っていた岩瀬は、安政五（1858）年四月四日に江戸に帰着した。上洛には十三日を要した道程であったが、江戸へは八日で戻っている。京都では不首尾に終わって失望もあったはずであるが、直ぐ次の段取りを考え、ポジティブに前へ進むのは岩瀬の特性とはいえ、何が彼を急がせたのか。

一方、堀田の江戸帰着は四月二十日。早速二十四日にハリスに会い、調印遅延についての遺憾の意を伝えた。遅延の理由は、これまでもハリスに伝えている「人心折り合わず」である。

こういう理由は、ハリスにはなかなか通じ難い。ハリスは、

「幕府に調印の権限がないのなら、諸外国はすべて権限のあるところを相手にするだろう」

と、〝決定的な〟発言をした。日本国が既に二元政治の混乱に陥っているという認識をもたれることは、幕府がもっとも恐れていたことである。

しかし、ハリスは尊攘激派のテロリズムが横行する現状をよく理解しており、何としても調印にもち込むという姿勢を両者で確認して、彼は岩瀬・井上との詳細協議を要請した。

これを受けて、四月二十六日、岩瀬・井上はハリスと調印延期交渉を行った。

岩瀬たちの要請は、三カ月の延期であったが、ハリスにはアメリカ軍艦が来航すればそれに乗艦して帰国しなければならないという事情があった。その次の来日まで延期となれば、それは何年先のことか分からず、アメリカ軍艦が来航したら直ぐ調印し

てもらわなければ困るというのがハリスの言い分であった。

しかし、岩瀬は、この問題は日本側にとっては調印を強行すれば流血を伴う大事件であること、これに対してアメリカ側の不都合は単なる期日の遅れ、容易な方が譲るべきであるとして押し切ってしまった。

交渉は数回に亘ったが、結局、幕府は「アメリカとの条約締結後三十日間は他国と条約を締結しない」との老中連名の念書を与えることによって、調印を七月二十七日まで延期することに成功した。

この念書には、堀田、松平忠固《ただかた》以下五名が署名しているが、大老井伊直弼は署名していない。このことを以て井伊が責任を回避しようとしたとする指摘が一部にあるが、井伊のその後の対応、経緯からしてそれは断じてあり得ない。井伊は、老中と大老の立場、格の違いを意識しただけであろう。

ここで井伊直弼が登場したが、彼が大老として幕政の最前線に登場するのは、実にこの時期である。

井伊が大老に任じられたのは、四月二十三日である。つまり、堀田が京都から戻ったのが二十日であったから、その直後であった。

決定的に重要なことは、将軍家定が一橋慶喜を嫌っていたことだ。つまり、井伊の大老就任は、将軍継嗣問題によって実現したことなのだ。

この時期、実は岩瀬も将軍継嗣問題では積極的に動いている。

岩瀬たち「海防掛」を経験した徳川近代の中核を形成した幕臣官僚の殆どは、一橋派であった。岩瀬は、特に熱心な一橋派であった。

彼らもまた、一橋慶喜という人物を麗しく誤認し、誤認に基づく過大評価をしていたとしか思えない。

岩瀬たち開明派官僚グループは、英明な将軍の下で国際協調路線を更に強力に推進していくことを切望していた。一橋慶喜が、その「英明な将軍」になり得るとみていたのである。このグループには岩瀬の外に、永井尚志、鵜殿長鋭、川路聖謨、水野忠徳、土岐頼旨《ときよりむね》などがいるが、開明派＝一橋派という図式で語るのは間違っている。川路と共に日露和親条約を締結し、初代の蕃書調所頭取を務めた古賀謹一郎や下田奉行伊澤正義、米国使節応接掛に入っていた北町奉行井戸覚弘などは、「運で将軍になる前例を創れば将来の災いのもと」であるとして、慶喜の将軍世子に反対していた。

岩瀬の場合は、江戸帰府早々から考えも行動もはっきりしていた。

朝廷のいう通り、諸侯に忌憚のない意見具申をさせつつ、慶喜の将軍世子を決定し、松平春嶽を宰相のポジションに就けるというものである。そして、諸侯の意見具申といっても内容は大体知れたものであるから、適当なところで朝廷には「アメリカからの督促は厳しく、このままでは戦になる可能性もあり、諸侯の赤心から成る同意を得て調印した」と言っておけばいいという、若干乱暴なものであった。つまり、通商条約には急ぎ調印し、京都には事後承認させればいいという、現実論の色彩の強い考え方であった。

日米修好通商条約調印のポイントはこの点にある。後世の後付け史観が強調する「無勅許調印」とは、違反でも不正義でも何でもないが、この主導者は岩瀬であって、大老井伊直弼ではないのだ。勿論井伊は、勅許にこだわりつつも部下の行動には進んで責任をとるというスタンスを一貫して崩していない。

岩瀬は、この通り幕閣に建議、上申し、行動した。時間の流れからいえば、こういうタイミングに井伊が大老に就任したのである。

但し、何も岩瀬一人が走り回っていたわけではない。通商条約調印と将軍継嗣問題が完全に絡み合ってしまっていた政局において、松平春嶽を宰相のポジションに就けるという考えは堀田の帰府直後から浮上していたが、一橋派の海防掛たちも幕閣に上申していたのだ。このことが、岩瀬と彼らの身の上に不幸な影響をもたらすことになるのである。

松平春嶽の件について補足しておきたい。

この人物も岩瀬たちから麗しい誤解を受けていたといっていいだろう。恐らく、家臣橋本左内の言動が春嶽のイメージ形成に寄与していたのではないだろうか。弱冠二十五歳という橋本は開明的な人物で、岩瀬は橋本とは深く交わっている。岩瀬たちにとっては、慶喜を将軍世子に立て、春嶽を宰相に就けることこそが、国際社会へ踏み出した国家にとって唯一の「あるべき体制」であったのだ。彼ら海防掛グループは、幕閣に対して春嶽を宰相に就けよという上申を行っている。岩瀬たちは、このような幕府の最高人事に関しても幕閣を突き上げることがたびたびあった。

なお、ここで「宰相」という表現をしているのは、福井藩松平家が、本来幕政には関与しないことになっている親藩・御家門という家格であるからであって、実質的な意味は「大老」と変わらない。岩瀬たちも「大老」という表現は使っていないが、意味するところは同じであった。

いずれにしても、条約調印問題以上に将軍世子問題で沸騰するこういう情勢下で井伊直弼が大老として登場したのである。つまり、岩瀬にとっては堀田以外に、堀田以上の権限をもつ余計な上司が生まれたのだ。

譜代筆頭近江彦根藩第十五代藩主井伊直弼。一般には、彼こそが反対派を無視、後に弾圧して「無勅許」で通商条約に調印した張本人であり、「安政の大獄」と呼ばれる反対派の粛清を展開して「桜田門外の変」で暗殺された強権政治家として仰々しく語られてきた。この見方は、百五十年強に亘って幕末維新史を捻じ曲げてきた官軍正史の中でも特に悪質な捏造を含む代表的なものの一つであり、即刻頭から削除した方がいいだろう。

大老井伊直弼
（豪徳寺蔵）

条約調印に関してもっとも急進的であったのは岩瀬であり、彼は朝廷の意向などどうでもいいと考えていた。バカな老中や大名たちの意見も、実はどうでもよかった。大事なものは日本国の国益であると考えていて、今日的な民主的な意見集約などという手法には価値を見出していなかったのである。国益に照らして正しいと判断すれば、敵が何万いようとも、というタイプであったといえよう。

こういう岩瀬と何から何まで違う井伊という格式のある家柄の大名が、大老として上役に据わったのである。両者が合うわけがないのだ。

突然大老として登場した井伊を、幕閣を始めとして江戸城内ではどうみていたのか。ひと言でいえば、「でくの坊」とみられていたということだ。

確かに、外交問題をはじめ、幕府の政治課題について井伊は、確固たる見識もこれといった定見も示していなかった。通商条約の意義や貿易収支の見込みといったことになると、何も理解していなかったようにみえる。確かに大老職を出せる大名家は決まっているから、家柄だけで大老になった人物である。

宇和島藩伊達家の伊達宗城は、官軍正史では「幕末の四賢公」の一人に数えられているが、井伊家とこの伊達家は親しかった。一橋派の伊達宗城が井伊直弼と普通にコミュニケーションをとっていたほどである。この伊達宗城が直弼のことについて、「航海」という言葉も知らないと語っているが、果たしてこれはどうであろうか。次章で触れることになるが、通商条約の批准使節団に小栗上野介を目付として起用したのは、他ならぬ井伊である。

いずれにしても、井伊が徳川近代を支えていた幕臣たちから信頼を得るような国際感覚や進取の気風といった開明的な雰囲気を、全く備えていなかったことは事実である。その意味では「でくの坊」であったかも知れない。

ただ、彼は、現行の秩序や伝統的な倫理観を重視し、ある意味で決断力に富み、ポジションに対する責任感の強い人物であった。部下に責任を押しつけるというタイプではなく、官僚に任せた上で、その責任は己がとるという武家らしい特性を備えていた。

即ち、官軍正史が創り上げてしまった、通商条約を語る時の強権的な井伊直弼像というものは、全くの虚像である。通商条約というものについて確たる定見はもたず、調印するに際してもっとも勅許を欲しがったのが井伊であり、勅許などにもっともこだわらなかったのが岩瀬たち開明派官僚であったのだ。

岩瀬は、井伊の大老就任直前から、井伊のことを「児戯《じぎ》に等しき男」と決めつけ、馬鹿にしていたが、彼は井伊の特性を十分認識できていなかったのではないか。井伊を説得し、納得させていれば調印はもっと早まり、岩瀬たちの左遷もなかった可能性がある。現実に、井伊は、岩瀬の能力を以てすれば十分説得できる人物であった。井伊と岩瀬たち開明派官僚の衝突については、条約調印の前提として一橋慶喜の将軍世子の実現を強硬に実現しようとしていた岩瀬たちに道理は存在しない。

これまで阿部正弘、堀田正睦という二代に亘る老中首座は、若い海防掛たちに、その専門領域については自由にものをいわせ、大きな裁量を与えてきた。このことが、徳川近代を国際社会へ押し出そうとしていた主たる要因の一つであることは間違いないであろう。

不幸なことに、大老井伊直弼は「普通の幕閣」であった。更に不幸なことは、井伊が実は確固たる信念をもち、武家らしい、私欲を離れた実践力と責任感をもっていたことである。

井伊が大老に就任した四月二十三日、岩瀬は、鵜殿長鋭、永井尚志と共に老中たちに面会、井伊が大老の器ではないことを主張し、何故ああいう人物を大老に推したのかと詰問した。平成の官僚と違って、彼らはこういうことを平気で行ったのである。

この時、老中の誰かが「井伊殿は員に備わるだけの飾り物」と答え、却って岩瀬たちを怒らせている。

これだけでは終わらなかった。その足で岩瀬たちは井伊大老に謁見、その時、兵庫開港問題が話題となった。井伊の述べるところは、

「兵庫開港を何とか止めないと叡慮《えいりょ》（天皇のご意向）が立たない」

という、まるで公家のような意見であった。

岩瀬たちにしてみれば、当然「陳腐の論」である。岩瀬は井伊に対して兵庫開港の必要性、利害得失をまくし立てる。これに対して井伊は、そういうことならやむを得ないと、岩瀬の論を認めているのだ。

岩瀬は、やはり大した人物ではないと思ったようだが、注目すべきことは、やはり井伊が朝廷、特に天皇の意向を重視していたという点であろう。

この時点の条約調印と朝廷との関係についての立場は、海防掛と老中松平忠固は、理由は異なるが京都無視、堀田は朝廷に匙を投げており、やはり京都無視と同じ立場、他の幕閣、若年寄たちは海防掛に押されて調印やむなしの立場、大老井伊と若年寄本多忠徳だけが、「勅諚は重い」として、勅許なしの調印に反対であった。

このあたりは、これまで語られてきた通商条約調印に対する大老井伊直弼の態度と

全く異なるかも知れない。彼は、どこまでも慎重で、朝廷の意向にこだわっていたのである。同時に、幕閣の最高責任者として、幕府外交の流れを保持することに腐心したのである。

安政五（1858）年六月十九日、岩瀬と井上は、先にハリスとの間で合意した延期期限を待たずに、実質的に独断で日米修好通商条約に調印した。

後に、薩摩・長州を始めとする尊攘派が「無勅許調印」を喚き立てることになるのだが、大老井伊直弼は、調印時から家臣に「責任は自分がとる」と言い切っていたのである。

最初からいがみ合っていた上司と部下。驚異的に無能な朝廷という足かせを引きずりながら、多くの誤解も孕《はら》みながら、歴史的な通商条約が調印され、幕府の国際協調路線はまた一歩前進したのである。

第三章

徳川近代の柱・小栗上野介忠順

1　岩瀬忠震から小栗忠順へ、大老井伊直弼の覚悟

日米修好通商条約調印の〝瞬間〟を、少し振り返って見届けておこう。

安政五（１８５８）年六月十四日、ハリスが重要な情報をもたらした。英仏連合艦隊が日本に向かったという香港情報である。

ハリスの行動は速かった。十四日にはこの情報を老中首座堀田正睦《まさよし》に伝えている。そして、十七日にはポーハタン号で神奈川小柴へ出てきた。恐らくハリスは、条約調印のチャンスと読んだのであろう。

幕府も迅速に対応した。十八日には岩瀬、井上に神奈川出張を命じている。二人は、同日夜、ポーハタン号船上でハリスと会談、英仏との間で紛争が生じた時はハリスが調停の労をとるという〝保証書面〟をハリスに出させて、即江戸へ取って返した。

非常に慌ただしい動きであるが、十九日未明、江戸城にて老中、若年寄だけでなく三奉行、海防掛までを召集した会議がもたれた。ここで、岩瀬が最後の熱弁をふるったのである。その主旨は以下の通りである。

●英仏連合軍は天津条約を結んだ
●天津に集結している英仏艦隊は四十数隻
●この艦隊がまもなく我が国に押し寄せ、通商条約締結を強要すると専《もっぱ》らの噂である
●我が国が外国との条約をもたぬまま交渉に応じるのは不利
●先に日米条約を締結しておけば、英仏に同じ内容を押しつけることができる
●英仏との間で紛争が生じた時は、ハリスも調停に立つことを約している
●一刻も早い日米条約の締結が国家のためである

先に日米条約を締結しておけば、これをひな形として英仏にも対応できるという考え方は、日米条約が日本側に不利をもたらさないことを前提とする限り、成り立つであろう。

全体会議の大勢は「調印やむなし」であったが、大老井伊直弼《なおすけ》が「天朝へのお伺い」をもち出し、会議での結論は出なかったようだ。

閉会後、井伊は岩瀬と井上を別に呼び、勅許《ちょっきょ》を得るまでできるだけ調印を引き延ばすよう指示した。この時井上が、できるだけ引き延しに努力するが、「是非に及ばぬ時」は調印しても構わないかと確認する。

これに対して井伊は、その時はやむを得ないが、できるだけ引き延ばせと答えた。つまり、井上は「その時はやむを得ない」という大老井伊の言質《げんち》を取ったのである。岩瀬は、やむを得ない時はなどという料簡《りょうけん》ではうまくいかないから、何としても引き延ばすという覚悟で応接に臨む所存、などと体裁をつけてこの場を閉めてしまうのである。

これは非常に重要な瞬間であるが、恐らく岩瀬・井上の連携プレーであろう。二人とも引き延ばす「覚悟」など全くなかったのである。逆に、ここで一気に調印してしまう「覚悟」を秘めていたのだ。

同時に、井伊は二人が引き延ばしに力を注ぐなどと思っていなかったに違いない。岩瀬たちは、既に肚《はら》を決めた井伊を甘くみていたのではないか。井伊は、二人に調印させてしまう覚悟を決めていたのだ。

その日、十九日、二人は再び横浜に急行、午後ポーハタン号船上で速やかに条約に調印したのである。

表面では大老井伊直弼を欺くような形での日米通商条約への調印。ハリスが横浜へ出てきてから僅かに二日。堀田へ情報がもたらされてからでも僅かに五日。この数日というものは、岩瀬と井上にとってその人生のハイライトであったといってもいいだろう。

二人には、特に岩瀬には確固とした覚悟があった。朝廷が国際情勢を全く理解しない現状では、この条約調印が徳川政権にとって安危に関わる可能性が高い。そのことを認識しながら、彼は国家の大政に関与する者は「社稷《しゃしょく》を重し」と判断せざるを得ないと覚悟していたのだ。

即ち、今列強との戦《いくさ》を避け、先々列強に伍していける国家を創るためには、幕府が倒されても仕方がない、徳川家より日本国が重いとする覚悟である。岩瀬がこのような覚悟を固めていたことは、『幕末政治家』（福地桜痴《おうち》）に拠っても明らかである。

日米修好通商条約は、岩瀬から小栗上野介忠順《ただまさ》へ引き継がれる。この条約の批准使節団の目付としてポーハタン号で航米し、アメリカ国務省高官など合衆国要人と渡り合い、現地メディアからもその知力と交渉態度を絶賛されたのが小栗であった。

その小栗が、やはり岩瀬と同じように「社稷は重し」という覚悟を以て横須賀造船所の建設をはじめ、徳川近代として次代に引き継ぐべき「遺産」を急ピッチで創り上げたのである。

安政五（1858）年六月二十一日、大老井伊は、宿継《やどつぎ》奉書で条約調印を朝廷に報告した。二十三日には、老中堀田正睦と松平忠固《ただかた》を解任した。

二人の老中の解任、特に堀田の解任は、今でも条約調印の責任をとらされたものとする主張がまかり通っているが、これはおかしい。

堀田解任は将軍家定の意向であった可能性も否定することはできないのだ。調印に関する最後の詰めは、井伊と岩瀬・井上の間で行っており、井伊は堀田が岩瀬たち海防掛グループを増長させて、幕府旧来の意思決定秩序を壊したという見方をしていたのであろう。

松平忠固は誰からも信用されていなかったから、この解任は、実質的には条約調印とも将軍継嗣問題とも全く関係がない。

同じ二十三日、次期将軍（養君）決定を祝う朝廷からのお祝い状が届いた。井伊以下南紀派にとっては、待ちに待っていた祝い状である。将軍世子《せいし》が決まった時には、朝廷はこの祝い状を幕府に発するのが慣例である。

先に井伊は、誰それに決まったという固有名詞を挙げないで、ただ次期将軍が決まったという報告をしていたのである。朝廷もいい加減なもので、この報告を公式に受理している。朝廷、即ち孝明天皇は、攘夷には熱心であったが、将軍継嗣問題には実は興味がなかったのである。しかし、受理したからには祝い状を出さなければならず、井伊はこれを待ち望んでいたのだ。祝い状が出されれば、それは一橋慶喜擁立を朝廷が認めず、朝廷は南紀派の推す徳川慶福《よしとみ》を世子として公認したことになり、将軍継嗣問題は井伊の勝利、一橋派の敗北という形で決着がつくことになるのだ。

六月二十五日、幕府は徳川慶福が将軍世子に決定したことを公示した。一橋派の敗北が確定したのである。

二十三日に祝い状が届き、二十五日に世子決定の公示。その間の六月二十四日に水戸斉昭たちの「不時登城」事件が起きている。

これは、水戸の徳川斉昭（前藩主、通称烈公）、水戸藩主徳川慶篤《よしあつ》、尾張藩主徳川慶恕《よしくみ》が、定められた登城日時を無視していきなり登城し、大老以下幕閣を叱責しようとした事件である。

大名の登城にはルールが存在するし、益《ま》して御三家が幕政にコミットすること自体が慣例として許されていない。この前後に、一橋慶喜や松平春嶽《しゅんがく》も登城しており、この二人を「不時登城」事件に加える書物もあるが、二十四日には二人は参加していない。

春嶽は、実は井伊と頻繁にコミュニケーションをとっていたのだが、このことはあまり語られていない。

水戸斉昭は、井伊が、一橋派などが生まれて将軍継嗣問題に介入した諸悪の根源とみていた人物であるが、もともと水戸藩らしく〝公家かぶれ〟であり、幕閣の会議内容などを平気で京都にご注進に及ぶというような、御三家にあるまじき振舞いが多かった。

彼は、典型的な攘夷派で、現代流に表現すれば右翼国粋主義の権化《ごんげ》のような人物であった。尤《もっと》も、実子である一橋慶喜に将軍世子の可能性が出てからは、急に攘夷論を弱めたという〝正直な〟一面ももっていた。

この激情家を中心とした、あまり論理的とも思えぬ三名が井伊に文句をいいに来たわけである。ただ、御三家の不時登城というのは例がなく、江戸城内は大騒ぎになった。

斉昭たちの〝文句〟は、以下の四点であるとされている。

●通商条約調印は違勅《いちょく》である
●しかも宿継奉書での報告は不敬である
●今、次期将軍決定を発表するのは朝廷にとってよろしくない
●松平春嶽を大老の上に置くべきである

こういう脈絡のない内容であるから、せいぜい〝文句〟としか言い様《よう》がなく、一体何がいいたいのか分からない。水戸の斉昭は、窮すると「越前（春嶽）を呼べ」と喚いたらしい。

要するに、水戸、尾張の論理レベルはこの程度であったということで、彼らは春嶽頼みであったようだ。ならば、もっと打合せを重ねて臨むべきであり、やることがそれこそ「児戯に等しい」といわざるを得ない。逆に、アンチ井伊派とはこういう状態であったから、相対的に春嶽が論理家として目立ったのかも知れない。

結局、「不時登城」事件は、井伊にとっては何事でもなかったのである。逆に井伊は、七月五日、「不時登城」の処分を発表した。こういうところは、全く井伊らしい対応である。

彼は決め事は決め事として、相手が誰であれ毅然とした措置を採る。それが組織の基本、政《まつりごと》の基本と考えていた。

井伊は、三名に一橋慶喜、松平春嶽を加えた五名に対して、隠居、謹慎、登城禁止などを言い渡したのである。

薩摩・長州に水戸や土佐を加えた尊攘過激派による幕末テロリズムは、このあたりから激しさを増していくことになる。

水戸斉昭の無様《ぶざま》な敗北は、岩瀬を失望させた。

不思議なことだが、急進的な対外協調派であった岩瀬は、頑迷な攘夷派、国粋主義者である水戸斉昭と意外にもウマが合ったのである。恐らく、岩瀬には斉昭が一橋慶喜の実父であるという意識があり、斉昭には若い岩瀬の激しい井伊批判が頼もしく映ったのではないだろうか。

ここでまた、奇妙なことが起こる。

水戸の徳川斉昭や松平春嶽らが「不時登城」の処分を受けた三日後の七月八日、井伊は、海防専門、外務専門ともいうべき「外国奉行」を新設、水野忠徳、永井尚志《なおゆき》、井上清直、堀利熙《としひろ》、そして、岩瀬をその外国奉行に任命した。全員岩瀬の同志ともいうべきメンバーで、一橋派である。井伊の腹心や南紀派に外交の分かる人材がいなかったこともあるが、こういう手を打つところも井伊の凄さであろう。

行政職の最高位である奉行に就くということは、全員にとって栄転である。今でいえば、「次官に昇進した」といったところであろう。

岩瀬は、出世したのである。奉行の最低保証家禄は二〇〇〇石である。岩瀬も家禄二〇〇〇石、役料二百両の大身旗本となったのである。

幕府は、この体制で安政五か国条約を一気に締結した。

このまま何事も起らなかったとしても、岩瀬はいずれ左遷されていたかも知れない。ところが、外国奉行が誕生した一か月後の八月八日、とんでもないことが起きた。朝廷が水戸藩に勅諚を下賜したのである。いわゆる「戊午《ぼご》の密勅」である。

その内容は、勅許なく安政五か国条約に調印した上、事後報告で済ませたことは遺憾であるとし、「不時登城」による水戸・尾張藩主の謹慎処分にも触れ、内憂外患のこの時期、大老以下幕閣、御三家、御三卿、御家門、更には譜代・外様《とざま》の別なく一同評議して公武合体《こうぶがったい》を図り、徳川家を助けて外夷の侮《あなど》りを受けぬようにせよというものである。

薩摩・長州に操られた朝廷はどこまでも余計なことをするものだが、その内容も愚かというより余りにも拙劣過ぎる。

この密勅こそが「安政の大獄」と「桜田門外の変」を惹き起こしたのである。そして、この密勅については、実にいい加減な解説をする書物が多過ぎる。

密勅という呼称の所為《せい》であろうが、この勅諚が秘かに水戸藩だけに下されたと受け取られがちであるが、それは違う。

この勅諚は、明らかに水戸藩と薩摩藩の陰謀によって成立したものであるが、朝廷内の正式手続きを経ないで水戸藩に下賜された。

具体的には、関白（九条尚忠《ひさただ》）の参内なしで発せられたものであった。薩長、特に長州が九条関白の参内という正式な形を採れるわけがないのだ。だから「密勅」なのである。

尤も、事後に武家伝奏万里小路正房《てんそうまでのこうじ》が、天皇の強い意志によるものだとして、関白の事後承認を受けている。そうでもしなければ、天皇自身を巻き込むことになる。

この勅諚は、水戸藩から二日遅れの八月十日、禁裏付大久保一翁を通じて幕府へも伝えられた。そして、その写しが摂家などから有力諸大名にも通達されている。

このように決して水戸藩のみに下賜され、幕府にも秘匿されたということではないが、朝廷は意図して先に水戸藩に下賜し、時間を置いて幕府に通達している。この点が大問題なのだ。

この密勅下賜を企てた薩長を含む朝廷内勢力と陰謀の主役である水戸藩京都留守居役鵜飼知信を評していうならば、愚かにもほどがある。

今更ながら、徳川幕藩体制とは徳川家をリーダーとする大名連合体である。徳川家は決して絶対君主ではないのだ。勿論、連合体の運営は徳川家の裁量に依るが、それは連合体の総意によって「公儀」権威が成立しているからであって、厳密にいえば徳川家と「公儀」とは全く別の次元のものである。そして、一般にいわれる朝幕関係とは、朝廷権威と「公儀」権威の関係を指すのであって、全国統治に関しては「大政委任」という慣例法的秩序が確立しているのだ。これによって江戸期という時代は、世界史にも例をみない長期に亘《わた》る平和を維持することができたのである。

そこへ、徳川家を無視して、更にいえば朝幕関係の根幹を踏みにじって、「公儀」に下属する水戸藩という単なる一個の分権統治単位に対して朝廷は天皇の勅諚を下賜したのだ。

これは、江戸期社会を支えてきた基本的な構造をぶち壊しにかかっているといっても決していい過ぎではない。

こういうことをやられて黙っている政権担当者がいたとしたら、それこそ無責任というものである。社会に対する破壊行為の意味をもつものであるから、政権としては強権を発動してこれを阻止することは、当然の責務であろう。当然の責務として井伊が行った防衛措置を、長州の書いた官軍正史では「安政の大獄」と称しているだけなのだ。

この、世にいう「安政の大獄」の幕開けとなった京都で、水戸藩士日下部伊三次《くさかべいそうじ》、鵜飼知信、尊攘激派梅田雲浜《うんびん》、頼《らい》三樹三郎など二十数名が逮捕され、江戸でも、水戸藩士安島帯刀、福井藩士橋本左内などが処分された。死罪とはならなかったものの、岩瀬と永井尚志もこれに連座したという形で処分されたのである。

何の思慮もなく水戸藩に密勅を下賜した朝廷は、さすがに震え上がった。日米条約について「天皇御疑念御氷解」「鎖国攘夷は猶予」するとし、事実上条約締結を承認する勅許を幕府に下賜したのである。このことは、幕末史を語る上で、実に重大な史実である。

そして、安政六年に入ると、太閤鷹司政通、左大臣近衛忠熙、内大臣一条忠香《ただか》などを、自ら一斉に処分した。

幕府は、水戸藩に詔勅の幕府への返納を求め、安政六年十二月、朝廷からも水戸藩に対して幕府への返納命令が出るが、藩内過激派（後の天狗党）が応じず、幕府との協調路線を採ろうとする「諸生党《しょせいとう》」との間で血みどろの内部抗争が始まる。日頃「尊皇」を喚きながら、いざとなれば朝廷の命令には従わないのが「尊皇派」「勤皇の志士」である。

この抗争の流れで、過激派が脱藩して江戸に入り、「桜田門外の変」というテロを惹き起こすことになる。

単純なことを付言しておくが、世にいう「安政の大獄」は条約締結とは直接的には無関係なのである。

安政五年九月五日、岩瀬は、外国奉行から作事奉行に左遷された。そして、おおよその一年後の安政六年八月、「安政の大獄」の裁きによって作事奉行も解任、「永蟄居」を申し渡された。この時、水戸藩安島帯刀、福井藩橋本左内などが死罪となっている。

明治になってからのことだが、政争の底流となった一橋慶喜擁立運動について松平春嶽は、水戸烈公（斉昭）の私心に乗せられてしまったなどと〝言い訳〟をしている（『逸事史補《いつじしほ》』）が、どこまでも卑怯な人物である。一橋擁立の首謀者は、誰がどうみても松平春嶽である。

時が前後するが、岩瀬は、安政五年六月十九日、日米修好通商条約に調印した後、前述の通り七月八日に外国奉行に就任、二日後の七月十日に日蘭通商条約、翌七月十一日に日露通商条約、七月十八日に日英通商条約に立て続けに調印した。そして、九月三日に日仏通商条約に調印し、その二日後の九月五日に作事奉行に左遷された。

最初から憎しみ合っていた井伊と岩瀬。しかし、井伊は、安政五か国条約をきっちり仕上げさせた上で岩瀬を外交の第一線から外したのだ。このあたりの井伊のマネジメントをみていると、彼が単なる強権政治家でなかったことは確かであろう。

一年後の安政六（１８５９）年八月二十七日、岩瀬は、水戸藩の反逆に連座したという形で「永蟄居」の処分を受けるが、栗本鋤雲《じょうん》によれば、井伊は、岩瀬は本来なら死罪に相当するが、国家の平安に尽くした功績が大きいと評価し、「永蟄居」に留めたと考えていたらしい。

岩瀬が外交の第一線から去っても、締結した条約は勿論健在である。彼は、日米条約の最後に、「条約批准のため日本から使節を派遣する」とわざわざ書き込んだのである。いうまでもなく、自らワシントンへ乗り込む心算《つもり》であったのだ。それが叶わず、岩瀬に代わって航米したのが小栗忠順であった。

我が国外交の流れは、岩瀬から小栗へ引き継がれた。そして、この二人の俊傑によるリレーを成立させたものは、紛れもなく大老井伊直弼が存在したことである。

文久元（１８６１）年七月十一日、岩瀬忠震は満年齢でいえば四十二歳という若さで死去した。ひと言で表現すれば、「快男児」というべき男であった。

2 〝ボンクラ使節団〟の目付として

小栗上野介忠順を「万延遣米使節団」の目付に抜擢したのも、大老井伊直弼であった。

この使節団の任務を果たして、小栗は幕政実務の中心を担うようになるのだが、時は万延、徳川政権が独自に新時代のデザインを描いて走り出していた「徳川近代」という時代にも滅びの足音が忍び寄っていた。

万延とは、江戸城の放火や大老井伊直弼の殺害（桜田門外の変）などの長州・薩摩・土佐・水戸人による凶悪なテロを受けて安政七（１８６０）年三月十八日に改元された元号で、万延二年の二月には「文久」と改元されたので、万延年間とは正味一年に満たなかった。

つまり、小栗とは、幕末動乱の炎が激しく燃え盛った最終ステージに幕府を支えた幕臣であったのだ。

小栗は直参旗本である。それも「安祥譜代《あんじょう》」という家柄を誇る直参中の直参といってもいい、家禄二五〇〇石という誇り高き上級旗本であった。

徳川政権は、平和至上主義の社会を創っておきながら、統治のための組織は簡素な軍事組織のまま、殆ど手を加えていなかった。こういう背景もあって、五二〇〇人の旗本に用意されていた役職は百八十余しかなかったのである。

その中で小栗は、一般の旗本と違って実に多くの役職に就いている。

彼が経験した役職は、書院番、目付、外国奉行、小姓組番頭、勘定奉行、南町奉行、歩兵奉行、講武所御用取扱、陸軍奉行並、軍艦奉行、海軍奉行並等々、実に多岐に渡り、こういう例は他にはないであろう。

要するに彼は、任命と罷免を繰り返したのである。エリート中のエリートといってもいい勘定奉行には、何と四度も任命されているのだ。

幕臣の世界では、一度罷免されたら同じ役職は当然、同程度の役職へ復帰することは極めて難しい。小栗の例は、異例中の異例なのだ。

小栗という男は、前章で述べた岩瀬忠震と同じように、幕閣に対しても実にズケズケとものをいい、信ずるところは譲らない人物であった。世辞もいわず、忖度《そんたく》も全くしないが、業務能力は誰よりも優れているこういう男は、凡庸な幕閣には使い難い。何かと理由をつけては罷免する。しかし、幕府は、財政面でも、薩長が足を引っ張る外交面においても難題山積、危機的な状況にある。忌々《いまいま》しいが、やはり小栗を使うしかない。

こうやって小栗は、解任されたかと思えばまた登用され、ということを繰り返すことになった。

動乱の時代の最前線へ登場せざるを得なかったきっかけとなったのが、日米修好通商条約の批准のために太平洋を渡って訪米したことである。

この批准書交換を目的とした使節団は、「万延遣米使節団」と呼ばれているが、日本を出発したのは安政七年一月十八日、帰国したのは九月二十八日であった。これが、史上初めて公式にアメリカを訪問した使節団であった。

正使は新見《しんみ》豊前守正興、副使は村垣淡路守範正、小栗豊後守忠順は「目付」として加わった。随行する役員、従者、小者たちを含めると、総勢七十七人という大使節団であった。蛇足ながら、この時点の小栗はまだ「豊後守」である。

この使節団については、正使・副使について「見てくれだけのボンクラ」というような評が多くの歴史書で語られ、今やこの人物評は定着している。司馬遼太郎氏も、正使、副使を「封建的ボンクラ」と決めつけているが（『「明治」という国家』日本放送出版協会)、二人は決して単なる「飾り物」ではなかったことを指摘しておきたい。

そもそもこういう使節にとって、「見てくれ」は大事な要素である。正使新見は、美男で品格があり、堂々とした立ち居振る舞いをする男で、正使としての風采を備えた人物であった。決して経済・財政に明るいなどという才覚はなかったが、批准書交換というような儀礼的要素を含んだ外交団の正使としては適任であろう。彼は、大統領ブキャナンに謁見、国務長官ルイス・カスと批准書交換を行っているが、堂々とした態度でその任を果たしている。

新見はこの時、外国奉行と神奈川奉行を兼任、帰国後は外国奉行専任となった。つまり、その立場・役職からして正使を務めておかしくない人物であったのだ。

副使の村垣も新見とセットにして無能扱いされることが多いが、それは新見の場合以上に乱暴というべきであろう。

村垣は、一貫して海防・外交畑を歩いている。ロシアのプチャーチンとの日露交渉においては、川路聖謨、筒井政憲らの交渉団(応接掛)に加わっている。岩瀬忠震の従兄《いとこ》に当たる堀利煕と共に、蝦夷地の調査、開拓に尽力し、安政三(1856)年、堀の後を受けて箱館奉行に昇進、安政五(1858)年には「安政の大獄」で罷免された岩瀬に代わって外国奉行に就き、神奈川奉行も兼任した。また、帰国後には日普修好通商条約締結に際し、全権大使として調印している。

決して「切れ者」ではなく、国政に関して高い見識をもっていたとは観察できないが、ひと言でいえば文才のある能吏というところであろう。渡米の際の随伴艦・咸臨丸を指揮した木村摂津守も「機敏にして吏務に練達～」と評している。しかし、福地桜痴は「俗吏」と言い切り、全く評価していない。この評価の差は、当事者仲間とメディアの差といえようが、木村と福地の人柄の違いも反映されているものと理解している。

ここへ「目付」として小栗が抜擢された。この使節団を送り出した大老井伊直弼は、小栗に一つの密命を与えた。これについては後述するが、井伊はこのために遣米使節団を送り出したのではないかとさえ思えてならない。

使節団は、米艦ポーハタン号（タットナル提督・ピールソン艦長）で太平洋を渡ることになったが、この時、随伴艦として従ったのが、第一章で詳述した咸臨丸である。

官軍正史は、咸臨丸物語は一生懸命語るが、正使一行を乗せたポーハタン号のことには殆ど触れない。渡米の目的からすれば話は逆なのだ。万延遣米使節団とは、正使たちと正使一行を乗せたポーハタン号が主役であって、咸臨丸という艦はどこまでも〝ついで〟に過ぎない。益して、〝ついで〟の咸臨丸でもお荷物でしかなかった勝麟太郎が、太平洋横断という別テーマで主役になるお話というのは奇妙としか言い様《よう》がないのである。

さて、小栗が目付を務める正使一行は、以下のような行程で批准書交換という任務を全うし、帰路は喜望峰回りの航路を採り、世界を一周するような道程で帰国したのである。

●安政七（1860）年一月十八日　築地を出発、川崎沖に停泊するポーハタン号に乗り込みアメリカへ向かう。
●二月十三日　ハワイ諸島オアフ島ホノルル港に寄港
●二月十八日　カメハメハ四世に謁見
●三月九日　サンフランシスコ入港
●三月十八日　パナマへ向けサンフランシスコ出港
●万延元（1860）年閏三月六日　ポーハタン号に別れを告げ、パナマ港上陸、

パナマ鉄道に乗車

●同日大西洋側アスペンウオール着、米艦ロアノウク号に乗船、閏三月七日出港

●行先変更で河船フィラデルフィア号に乗り換え、閏三月二十四日、ワシントン着

●閏三月二十七日　ホワイトハウス訪問、第十五代大統領ジェームズ・ブキャナンに国書奉呈

●四月五日　ワシントン海軍造船所訪問

●四月十九日　ワシントンを汽車で出発、ボルチモア経由フィラデルフィアへ

●四月二十八日　フィラデルフィア出発ニューヨークへ

●五月十三日　アメリカ海軍最新鋭艦ナイアガラ号でニューヨークを出発

●大西洋からアンゴラ、インド洋、バタビア、香港を経由して、万延元年九月二十八日帰国

このアメリカ訪問で、使節団一行は異例の歓迎を受けた。そして、温かい好意と高い評価に包まれたのである。中でも小栗は、アメリカ合衆国にとって非常に手ごわい交渉相手として一目置かれると共に、その知性、品格を絶賛されたのである。

3　造船所から始まった近代国家への道

昭和二十七（1952）年、敗戦日本が独立を回復したとされる年、小栗上野介忠順が斬首されて八十四年目、群馬県渋川市で小栗直筆の日記二冊と家計簿三冊が発見された。小栗斬首直後の掠奪から関係者が秘かに守り抜いたものであろう。

明治新政権にとって、小栗ほど存在感が大きく、それ故に怖かった幕臣はいなかった。このことが、明治近代（明治～令和）になってから小栗が歴史から抹殺され、学者も教育者もお上に従って小栗を土中深く埋めたまま放置しておいた理由である。その実、何のグランドデザインも描けなかった明治新政府は、小栗の描いた新国家の青写真に沿って歩むしかなかったのだが、幕末史の本道とはあまり関係のない吉田松陰や坂本龍馬が語られることはあっても小栗にスポットが当てられることはなかった。つまり、発見された日記、家計簿が細密に分析されることもなかったのである。

国立歴史民俗博物館名誉教授高橋敏氏の『小栗上野介忠順と幕末維新』（岩波書店）は、この日記と家計簿を丹念に読み込んだ労作であり、本書もこれを大いに参考にさせていただいた。

実は、日記、家計簿と共に発見された幾つかのモノがあった。

それは、グラス、ネジ、バネ、紙製の空箱など、万延遣米使節目付として訪米した時のアメリカ土産と推測されるモノであった。これらの小さなモノ史料が、小栗の西欧工業社会をモデルとした殖産興業による近代国家建設の情熱を物語っている。

小栗は、ネジやバネをどこで手に入れ、どういう思いでもち帰ったのであろうか。

前節で触れた通り、批准書交換という主目的を終えた使節団一行は、四月五日にワシントン海軍造船所を訪れている。あくまで見学のための訪問であるが、こういうところでも彼らは、儀仗兵から栄誉礼を受け、軍楽隊が演奏し、祝砲まで打たれるという歓迎を受けている。

ワシントン海軍造船所とは、ひと言で表現すれば、鉄の総合工場である。艦船に必要なあらゆる鉄製品がここで製造されていたのだ。

船体は勿論、蒸気エンジン、ボイラー、パイプ、ハンドル、ボルトやナット、大砲、大砲の砲弾、ライフル銃の銃身や部品、ミニエー銃の弾丸、榴弾砲、果ては船室のドアノブに至るまで、艦船に必要な鉄製品を網羅して製造する様《さま》は、小栗たちを大いに驚かせたことであろう。

実は、鉄製品だけではない。当時の軍艦の船体は木造である。この造船所には木工所もあり、階段、床、ベッドやドア等々、やはり艦船に必要な木工品をすべて製造していた。当時、五〇〇〇トンクラスの船に使う材木は民家五〜六十軒分とされ、船室を造るということは家屋を造るということと変わらなかったのである。

更に、造船所内には製帆所もあった。既に、蒸気船の時代であり、軍艦も当然蒸気船であったが、燃料の石炭を節約するため蒸気船も普段は帆を張って風で走るのである。つまり、厳密には、帆走汽船なのだ。その帆を造るのが製帆所であり、他に帆を操作するロープを製造する製網所も造船所内に備わっていた。

つまり、ワシントン海軍造船所は、他の工場などから部品を集めてきて艦船を組み立てる工場ではなく、艦船に必要な部材から艦船そのものまで、軍艦のすべてを製造する軍艦の総合製造工場であったのだ。このことが小栗たちを大いに驚かせたようである。

もう一つの驚きは、この工場の動力そのものが蒸気機関であったことだ。使節団の者は、蒸気船の動力が蒸気機関であることは、既に当然知っている。ただ、その蒸気船を造る工場の動力もまた蒸気機関であることに目を見張った。

このことは、見学の大きな成果であったといえるだろう。殆どの学者や歴史家に「ボンクラ」扱いされている副使村垣範正は、「この仕組みを導入すれば国家にとって大変な利益となる」という感想を日記に記している。

恐らく、小栗も同じ思いであったろう。この造船所見学の際、例のネジを譲ってもらったのではないだろうか。彼は、このネジを大事にもち帰り、後に知行所権田《ごんた》村へ移住する時ももっていっているのだ。

小栗を語る時、誰もが先ず横須賀製鉄所建設のことに触れるが、この、日本最初の近代工場建設にワシントン海軍造船所での見聞が大きく影響していたことは疑いのないところであろう。

安政年間、幕府はオランダから贈られた観光丸やイギリスから贈られた蟠龍丸《ばんりゅうまる》の外、オランダ製の咸臨丸、朝陽丸といった洋式艦船を保有していた。軍艦を初めて国内で建造したのは、第一章で述べた小野友五郎が建造した「千代田形」と呼ばれる小型蒸気軍艦で、これは文久三（１８６３）年のことである。

海防の観点から軍艦は必要であったが、これを自前で建造するには造船技術は勿論であるが、その施設とそれを造る資金が必要である。艦船を自前で造るか列強から買うかという問題については、幕府では買船派が主流になっていた。

艦船に故障は付き物である。その修理をどうしていたかといえば、当時は大きな修理は上海やバタビア（ジャワ）まで船を曳航していき、現地で修理をしてもらっていたのである。当然、これには大変な時間と費用がかかったことはいうまでもない。帰国した小栗は、自前での造船を構想する。造る技術と設備を確立しなければ完璧な修理もできないというのが、小栗の考え方であった。

余談として片づけるべき話だが、勝海舟は造船所建設に反対している。軍艦は数年で建造できるかも知れないが、それで海軍を創設しても、海軍を運用する人材がいない、イギリスでは人材育成に三百年かかっており、日本なら五百年はかかるというのがその理由である。

人材育成の優位性は当たっているが、この男は常にこういう言い方で反対のための反対論を展開する。イギリスで三百年かかっているなどということの基準が分からないが、例によって誇大な「口から出まかせ」であろう。

海軍や造船のことなど実は全く分かっていなかった勝の反対論は措《お》くとして、具体的にどこから技術支援を受け、資金調達をどうするのか。本来なら、小栗はこの事業をアメリカと組んで進めたかったのかも知れない。しかし、彼の選んだパートナーはフランスであった。

アメリカは、南北戦争に突入していたのだ。トランプ時代のアメリカは、国際協調路線に背を向けるという異常な行動を採っていたが、南北戦争の時は掛け値なしで自国のことしか考えていられない状況であった。

イギリスはどうか。これは危ない。今は日本侵略に簡単には乗り出せないだろうが、潜在的には世界でもっとも悪質な侵略国家である。

ロシアも同じである。伝統的な南下政策は、極東においては先ず日本を対象とするのだ。幕府は、既にロシアとは軍事衝突を経験している。

徳川政権にとって唯一のヨーロッパの友好国オランダは、かつてのオランダではない。国際協調路線を採って世界へ出てみて初めて分かったが、米英仏露に比べて国力は劣っている。

となると、あとはフランスしかない。清国侵略についてはイギリスの共犯であるが、小栗からみると日本にとってフランスは「まだましな方」と映ったのである。

これはもう、完全な消去法に過ぎないが、幕府にとってこれが間違いではなかったことは、その後の歴史が証明している。

冷静に消去法で検討した結果がフランスであったが、一つの小さなきっかけがあった。

元治元（1864）年、幕府は翔鶴丸という蒸気船の機関部の修理を、横浜に碇泊中であったフランス軍艦ケリエール号に依頼した。翔鶴丸という船は、アメリカから購入した蒸気船で、将軍家茂が二度目の上洛の際この船を利用している。

この仕事の責任者が、幕府きってのフランス通、栗本鋤雲《じょうん》であった。この修理が終わった同年十二月の中頃、イギリスのオリエンタル銀行を所用で訪れた小栗が、その足で翔鶴丸に勝手に乗り込み、その修理の具合を確認しているのだ。

これには栗本が驚いた。この時点の小栗は勘定奉行である。ついでとはいえ、勘定奉行が自ら船の修理箇所を確認しているのだ。奉行が自ら外国の銀行へ出向いてくること自体が、珍しいことであった。これが、実務に明るい幕府高官・小栗という男であった。

この、翔鶴丸の修理がきっかけとなって、小栗は、造船所建設についてフランスの支援を受けることにした。フランスを相手とすると栗本の出番となるが、この件について栗本と話し合う時、小栗はあの有名な台詞を吐いたのである。

栗本に造船所について詳しい知識があったわけではないが、莫大な資金を要する事業であることは理解できた。彼は、既に逼迫している幕府財政のことを心配したのである。

これに対して小栗は、何としても必要な船の修理工場を造るとなれば、却って他の無駄な経費を削る口実ができるとし、無事完成した暁には、

「いずれ売り出すとしても土蔵付き売家の栄誉が残る」

と言い放ったのである。

「売り出す」とは、政権を手放すという意味である。徳川が政権を失うにしても、この造船所（製鉄所）を一緒に残してやれば、せめてもの徳川の栄誉になるだろうということなのだ。

小栗は、安祥譜代の家格を誇る直参旗本でありながら、既に徳川の枠を超えており、

日本国を基準にしてさまざまな青写真を描いていたといえるだろう。いや、徳川の中枢に生きる安祥譜代の直参だからこそ、徳川政権にこだわらない国家人たり得たのではないだろうか。家康以来、徳川人には天下国家を徳川の私物とはしない、独特の気概が受け継がれているのだ。

元治元（１８６４）年十一月十日、造船所建設は、水野忠精《ただきよ》、阿部正外《まさと》らの幕閣によって正式に閣議決定された。そして、十二月九日、小栗は軍艦奉行を辞任する。ただ、日仏双方から成る製鉄所建設委員には名を連ね、実質的な建設推進役を務めた。

小栗が軍艦奉行を辞任したのは、反対派の機先を制する意図があったものと考えられる。勝海舟や松平春嶽、大久保一翁といった薩摩・長州に近い面々は、造船所の建設だけでなく、フランスとの提携に反対であった。彼らは、まるで小栗が「フランスに国を売る」かのような受け止め方をしていたのである。

当時の幕府財政からすれば、反対論を展開することは容易である。凡人なら誰でも反対論に与《くみ》するだろう。

ところが、天は小栗と幕府に一つの幸運をもたらしてくれたのである。

製鉄所建設委員会は、フランス海軍のヴェルニーを技師長に選任した。まだ二十九歳という若さであったが、この人物の技量と人柄が秀逸であったのだ。

先ず、彼の提出した見積書に幕閣が驚いた。二百四十万ドル——幕閣が見込んでいた三分の一という安さであった。この頃になると、幕閣や幕府高官は、船の建造や買取などを通じて、この種の値段に慣れてきている。オランダやイギリスに蒸気船一隻の新造を頼むと、大体一隻八十万ドルから百万ドルを請求されるのが相場であった。つまり、蒸気船三隻分で大規模造船所が建造できることになるのだ。

これは、ヴェルニーの見積が良心的、合理的であったことと、オランダ、イギリスが新造船建造に際して〝ぼったくっていた〟こと、両方の要因が作用していたものと考えられる。

例えば、機械を選ぶに際しても、渡仏した外国奉行柴田剛中《たけなか》が、資金は何とかするから最新の機械を選んで欲しいといっても、ヴェルニーは、最新の機械は故障する確率が高く、使い込まれた機械は型が古くても故障の確率は低いといって応じないといった有様であった。

二百四十万ドルについては、一年＝六十万ドル×四年という経費計画が立てられたのだが、後に明治になってから計算してみると、一年＝十九万ドルしかかからなかったことが分かった。それは、ドックが完成してからは国内外の艦船の修理売上が予想を遥かに上回る収入をもたらしていたからである。

慶応元（1865）年正月二十九日、製鉄所約定書締結、同年閏五月五日、外国奉行柴田剛中が製鉄所設立談判委員として渡仏し、現地でヴェルニーの協力を得て、設備の購入や技師・職人の採用に当たった。

日本での一大プロジェクトの噂に多くの希望者が売り込みをかけてきたが、ヴェルニーの採用基準は日本の国柄を十分考慮したものであった。

例えば、技師の採用基準は、フランスの国営工場で三年以上の現場経験をもっていることとした。国営工場の職工は、かなり厳しい基準の試験を受けて採用されている。その上で三年以上の現場での実務経験があれば、普通に発生する故障程度は自分で修理ができるはずなのだ。まだ機械工業が発達していない日本での仕事であることを考え、一種の「自己完結」型職人を求めたのである。

その他、人種的偏見をもっていない者、酒でトラブルを起こしたことのない者という条件を重視した。加えて、なるべく配偶者同伴で日本へ赴任できる既婚者を優先して採用したのである。倫理観の強い徳川日本での仕事である。夫人同伴の重要性については説明する必要もあるまい。

慶応二（1866）年正月十九日、柴田が帰国。同年四月二十五日、ヴェルニーに率いられた五十名強のフランス人技師・職人が来日、同十二月二十九日には製鉄所奉行に一色摂津守、奉行並に小栗と共に開明路線を推進してきた古賀謹一郎が就任して、横須賀造船所建造は本格的にスタートを切ったのである。鍬入れ式は慶応元（1865）年九月二十七日に行われており、既に基礎工事は進んでいた。

横須賀造船所には、ロープを作る製網所や船の帆布を織る製帆所も造られた。小栗が見学したワシントン海軍造船所そのままの姿であった。ドライバーやレンチといった工具類も生産され、ここで作られた工具や機械部品があったから、富岡製糸工場も成立したのである。富岡製糸工場は、設計そのものが来日したフランス人スタッフによるものであり、小栗の殖産興業施策の副産物であったともいえるのだ。

つまり、日本の近代工業技術がこの造船所から国内へ広く流布、伝播していったのである。小栗を「明治の父」と呼んだ司馬遼太郎氏は、横須賀造船所を「日本近代工学の源泉」と評している。

横須賀造船所は、当初「横須賀製鉄所」と呼ばれた。「横須賀造船所」となったのは、明治四（1871）年のことである。

当時の「製鉄所」とは、鉄製品を製造する工場という意味で、既に製鉄が済んでいる状態といえる銑鉄を持ち込み、これを溶解・精錬して、あらゆる鉄製品を造る工場のことであった。船のエンジン、ボイラーはいうに及ばず、歯車、シャフト、砲弾、大砲部品、小銃、弾丸、ネジ等々、あらゆる鉄製品を造ったのである。

幕末の近代工業化については、藩校において異常なスパルタ教育を行った佐賀藩や、伝統的な〝密貿易〟藩であった薩摩藩が他に先行していたとされている。例えば、幕末に反射炉を備えていたのは、この二藩と水戸藩、そして、幕府（韮山代官所）ぐらいであったが、これらはいずれも水力を動力源としていた。これに対して、横須賀造船所は初めから蒸気機関を動力源とした工場であった。

ポーハタン号で渡米してワシントン海軍造船所で驚嘆し、小栗だけでなく副使村垣も夢見た近代工場は、僅か五年後には基礎工事が始められ、十年を経ずして我が国に実現していたのである。

ヴェルニーという男は、フランス最高のエリート教育機関「グランド・ゼコール」の一つである「エコール・ポリテクニック」（理工科大学）を出ている。つまり、エリート中のエリートである。普通の大学の更に上位に位置づけられるこの教育機関では、例えば我が国の現在の東京大学のような「点数をとる」試験は行わない。ここでは詳しく述べる紙幅がないが、一つの回答では済まない口頭試問を重視したり、人間性の豊かさや価値観の多様性といった面も重視する選考や評価を行うのが特徴である。幕府が、こういう真のエリートを得たことは実《まこと》に幸運であったといわざるを得ない。

討幕軍が江戸総攻撃の構えを見せた時、幕府はヴェルニーに工事を中止し、横浜へ退去するように勧告した。しかし、ヴェルニーは、「この仕事はフランス国家が請け負った仕事である」として中止せず、公使ロッシュにフランス人スタッフの保護のために仏海軍の軍艦を派遣するよう要請した。ロッシュもこれに応え、カンシャンツ号を横須賀湾に派遣、建設工事は幕末動乱のピーク時も中断されることはなかったのである。

また、慶応三（1867）年五月、造船所の職場内教育機関として「黌舎《こうしゃ》」が設立された。これも、ヴェルニーの構想である。主として農漁村から集まった生徒には、在学中は食費、被服費を支給し、小遣いまで与えて技師としての教育を授けたのである。この卒業生は、即、造船所に雇用され、更にキャリアを積んで日本の近代工業の基盤を成す人材となっていった。因みに、授業はフランス語で行われた。

　これは余談であるが、ほぼ同時期にシャノアーヌ大尉以下十六名のフランス軍事顧問団が来日し、フランス式の伝習調練が始まった。この中のブリューネ砲兵大尉と九人のフランス人教官が、幕府瓦解に際して江戸を脱走した伝習生（歩兵）と行動を共にし、東北で戦った後、箱館まで渡って土方歳三、大鳥圭介らと共に伝習大隊を率いて新政府軍と戦ったのである。ブリューネ大尉以下の行動は、自分たちが教えた「伝習生への信義」を重んじた結果としての確信的な行動であった。

　こういうことを書くと、直ぐ、それは単なるイギリスに対する反撥だよ、戊辰戦争は英仏の代理戦争なのさ、というような「知ったかぶり」した〝冷めた〟声が挙がるが、前述した通り、それは全くの誤りである。いつまでも、昭和二十～三十年代の未熟な学者の論に頼っていては、もはや維新史の検証はできないのである。

　歴史というものは、生身の人間の喜び、悲しみ、怒り、感謝、諦め等々、あらゆる人間感情がもたらした行動の堆積である。そして、この時の「生身の人間」というものに国境はないのだ。ブリューネ大尉以下10名のフランス人が、土方歳三に合流して箱館戦争を戦ったことには彼ら個々人の生身の人間としての「強い思い」が存在したことを知らねばならない。

小栗は、まだましな方だという消極的な理由でフランス国家をパートナーに選んだに過ぎない。しかし、小栗や栗本たちが「信頼」できるフランス個人に巡り会えたことは、ただただ幸運なことであったとしか言い様がないであろう。

明治四十五（1912）年、日露戦争時の聯合《れんごう》艦隊司令長官であった薩摩・東郷平八郎が小栗家の遺族を自宅に招き、横須賀造船所建設の謝辞を伝えたという話は余りにも有名である。小栗がこの造船所を残してくれていなかったら日本海海戦の完璧な勝利はなかったというのだ。その通りである。

東郷の乗っていた旗艦三笠や主力艦は、イギリス、ドイツ、アメリカから買ったものだが、中小の砲艦や足の速い駆逐艦、魚雷艇などは殆ど横須賀、呉で建造されたものであった。これらがバルチック艦隊を追尾して完璧に沈めたのである。

薩英戦争も体験している東郷は、小栗が残してくれた「土蔵」の価値をよく理解していたのである。

大正四年、横須賀海軍工廠《こうしょう》創立五十周年祝典が開催され、時の総理大臣、肥前・大隈重信《おおくましげのぶ》は書簡を贈った。大隈はその中で、この造船所が小栗の努力の成果であること、ヴェルニーの尽力、東山道軍による小栗の斬首などを初めて明らかにしたのである。

それまで横須賀造船所は、明治新政府が造ったものとされていたのだ。いいことは何でも明治新政府の手に成るもの、悪いことは何でも幕府のしたこと――最終的に長州閥が支配した明治政府とは、真に恐ろしい政府であった。

4　大老井伊直弼の密命

ワシントンの海軍造船所を見学した後、一行はフィラデルフィアへ向かった。フィラデルフィアで彼らが訪れたのは、造幣局であった。小栗は、ここで日米通貨の分析実験を行うことを要請して、この実施を認めさせたのである。

しかし、アメリカ側は、小栗が分析手法を知りたがっていると受け止めたようで、両国通貨の一部を削り取って分析実験を行おうとした。小栗がこれに異議を唱え、小判一枚、ドル金貨一個を丸ごと溶解して成分比較を行うことを要求したのである。

小判とドル金貨の成分比較——これこそが、大老井伊直弼が小栗に与えた密命であったのだ。井伊の目的は、両国間の為替レートを適正化し、金の大流出を防ぐことにあった。

井伊が、幕臣官僚随一の切れ者小栗上野介を批准書交換という儀礼的要素を含む使節団の目付に抜擢し、アメリカに送り込んだ目的は、ここにあったのだ。

井伊の大老就任時に、井伊のことを「でくの坊」と称して若手官僚の歓心を買おうとした幕閣たち、「航海」という言葉も知らないと公言して蔑んだ宇和島藩伊達宗城《むねのり》、そして、「児戯に等しき男」と侮蔑した岩瀬忠震等々——この者たちに金の大流出にどう対応するかという問題意識はあったか。まるでなかったであろう。家柄だけで大老となった井伊直弼が、小栗を使って岩瀬が調印した通商条約の不備がもたらした国家的課題に立ち向かおうとしていた。井伊にしてみれば、部下の仕事の責任を己がとろうとしていただけかも知れない。

小栗の要求に、アメリカ側は慌てた。彼らは、日本人に分析能力やその結果を理解する能力はないという偏見をもっていたのだ。ところが、小栗の要求は、明らかに日米の貨幣の品位を相対比較することを意味している。一ドルと一両の比較分析も行った場合、米ドルとはメキシコドル銀貨である。銀の含有量が決して多くなく、銅などの不純物を多く含んでいる。

造幣局スタッフは、そのことを十分承知している。一方で小栗は、ポーハタン号の乗組員から各国の通貨を手に入れており、ハワイでもハワイの貨幣価値を調査していたのだ。

アメリカ側は、分析には時間がかかるなどといって逃げようとしたが、小栗はそれを許さなかった。一貫して「ノー」をいい続けたのである。

振り返れば、日米和親条約の締結交渉において、林復斎はペリーの要求を突っぱねることが多かった。日米修好通商条約交渉での岩瀬忠震も、ハリスに対して通すべきことは通した。そして、小栗忠順である。

勿論、如何ともし難い国力の差で、やむを得ず同意せざるを得なかったことも多かったが、彼らは常にアメリカとイーブンに渡り合っている。後世、『「NO」と言える日本』などという書籍が売れたことがあるが、日本人がアメリカに対してノーといわなくなった、いえなくなったのは、明治近代になってから、特に戦後になってからのことである。

結局、アメリカ側が折れざるを得なかった。夕方までかかって、両国通貨の成分分析が行われた。小栗たちは、昼食に弁当を届けさせて造幣局を動かなかったのである。「ニューヨークタイムズ」紙は、小栗たちの忍耐強さ、知性、集中力がアメリカ人スタッフに感銘を与えたと賞賛している。

小栗は、条約の批准のための使節団の目付としてアメリカへ渡ってきたのだが、この条約には「貨幣の同種同量交換」という条項が盛り込まれている。岩瀬には、その不利がよく分かっていたが、合意を急ぐ彼は、総合判断の結果として調印を推進した。時はアヘン戦争、アロー号事件の直後であり、アメリカとの合意を急がなければあの恐ろしい無法者イギリスがやってくる。

当時の幕府のイギリスに対する恐怖心というものは生半可なものではなかった。この点は、程度の差はあっても岩瀬も同様であったろう。清国を侵略する手段としてアヘン貿易を仕掛け、極東の「眠れる獅子」を喰いにかかったのだ。

井伊の密命を受けた小栗が全量分析にこだわって貨幣価値の相対比較を要求した背景には、このような経緯があった。

造幣局での分析結果は、小判とドル金貨の金銀含有量を明らかにした。そして、アメリカ側は、「小判の方がやや価値が高い」ことを認めたのである。

ニューヨーク・タイムズ紙やニューヨーク・ヘラルド紙が、小栗たちの動静をよく伝えているが、分析が終わって、小栗は次のようなスピーチを行っている。

「この結果を帰国して大日本政府に提出し、新たな新為替レートシステムが日米両国間に締結されるであろう」

この時、造幣局のアメリカ人スタッフから拍手が起きたと伝わる。

しかし、批准使節団は通貨交渉については全権委任状を交付されていなかった。結果的に幕府は、金の含有量を三分の一にした品位の劣る万延小判と呼ばれる金貨を発行することによって危機を乗り切ったのである。

フィラデルフィアを後にした使節団はニューヨークに入り、ブロードウエイを馬車で行進した。この日、沿道を埋めた見物の人びとは五十万人と現地紙が報じている。彼ら使節団の動向は、ワシントン到着以来、連日詳しく報じられていたのである。

使節団は、河船でニューヨーク入りしたのだが、波止場に着いた時から歓迎の人並みに包まれた。歩兵、騎兵、砲兵三兵による祝砲が放たれ、居合わせたイギリス、フランス、オランダ船も日章旗を掲げて歓迎の意を表していた。そして、直ぐ馬車に乗せられ、軍楽隊の演奏と共にパレードが始まり、ブロードウエイでその熱狂がピークに達したのである。

ブロードウェイの行進
（東善寺蔵）

詩人のウオルト・ホイットマンがこのパレードを、見物人の一人として目撃し、その感激を「ブロードウエイの行列」という詩に詠んでいる。その冒頭部分をご紹介して、小栗たち使節団が、日本人としてとてつもなく価値のある情報を発信した存在であったことを確認しておきたい。

西方の海を越えて、こちらへ
日本から渡来した
謙譲にして、色浅黒く

腰に両刀を手挟《たばさ》んだ使節たちは
頭あらわに、落ち着き払って
無蓋の四輪馬車に反りかえり
今日、この日マンハッタンの大路を乗り行く

（長沼重隆訳）

5　誰が小栗を殺した⁉

徳川近代の優秀なテクノクラートたちが歴史の舞台から抹殺されている中で、小栗だけが僅かに知られているのは、国民的作家司馬遼太郎氏が彼を明治礼賛の立場から評価したからであろう。その結果であろうが、小栗といえば横須賀造船所のみがクローズアップされて認知されている感がある。そして、少し小栗の世界に足を踏み入れたとしても、これまでブロードウエイの大行進というシーンのみが注目されるだけで

あった。

小栗は、何も造船所だけを残しただけの人物ではない。横須賀造船所が明治近代に入って果たした役割を考えれば、造船所の建設だけでも特筆すべき偉業であるが、幕閣に人を失った幕府が衰退のスピードを速める中で、小栗はさまざまな幕政改革に携わった。

横須賀造船所について補足しておけば、既述した通り、ヴェルニーを現代流にいえば、「所長」に任命したのだが、外国人をこのように遇する人事は幕府の事業では勿論初めてのことであった。このこともあって、横須賀造船所では職務分掌という概念が導入され、雇用規則が定められ、月給制が採用され、残業手当というものが設けられた。洋式の簿記もこの工場から始まったのである。

このようなソフト面の施策を含めて、横須賀造船所は我が国近代化の源泉となったのである。

欧米列強の外圧、薩摩・長州の攘夷という名のテロリズムの横行を受けて、幕府は何度か軍制改革を行っている。徳川近代という社会をそのまま維持、発展させることができていれば、日本は明治近代のような天皇原理主義の支配する国粋主義国家になることなく、真っ当な近代を迎えていたはずである。そのためには軍制改革はもっと早く断行すべきであった。決して間に合わなかったとは断定しないが、遅きに失した感がある。

小栗が特に深く関わったのが、「文久の改革」（文久二年、１８６２）であった。徳川近代の国防の基本方針は、「全国御備え」、即ち、日本全土を防衛構想の対象とすることと、海軍拡張を優先することであった。文久の軍制改革は、これを推し進め、「親衛常備軍」の創設を目的としたものであった。これは、いってみれば「国民軍」の創設を意識したものである。

この点が、幕府自身にとっても、討幕派にとっても「恐ろしい」点であり、軍制改革といいながら、社会体制そのものの変革を意識しているとも解釈できるのだ。

改革の大綱は、オランダの兵制をお手本にしており、歩兵・騎兵・砲兵の三兵の編成を目指したものであった。

同年十二月、歩兵に関して要員の差出しを知行取旗本に命じる「兵賦令」が発令された。歩兵の内、重歩兵を知行取旗本の知行地から供給させようとしたものである。

例えば、五百石の旗本は一人、千石は三人といった具合である。五百石未満と蔵米取は兵賦の代わりに「金納」とされた。

身分制における上位の旗本には鉄砲を持たせず、徒歩では戦わない騎兵とするなど、幕府はそれなりに考えたのだ。しかし、このことは、幕府が旗本を戦力として頼らなくなりつつあったことを示している。では、鉄砲を持って戦う兵として幕府は誰に期待したのか。旗本の知行地である農村から徴集されてきた百姓である。

ここに、近代陸軍歩兵隊のルーツともいうべき幕府歩兵隊が誕生したのである。

小栗の真の凄さは、このような軍政とそれに伴う「軍制の構築」が解ることであった。

文久二（１８６２）年六月五日、小栗は勘定奉行に初めて就任したが、九月には「破約攘夷」という無茶な論がもち上がってこれに反対して辞任した。ところが、「兵賦令」が発令された十二月に、新設された歩兵奉行と勘定奉行の兼帯を命じられたのである。

小栗は、旗本として知行所支配に精通しているし、幕府財政にも通じている。軍事政権が近代軍隊を創設・保持しようとする時、やはりこの男を使うしか手はなかったのである。

しかし、旗本を否定してでも鉄砲主体の集団戦を想定した銃隊編成への転換を狙ったこの改革は、なかなか進まなかった。旗本知行地からの兵士の徴発が順調には進まなかったのである。

旗本が近代軍隊に生まれ変わらなければ、幕府の明日はない。小栗のこの危機感を、旗本連中は理解できなかったのである。

幕府も業を煮やし、元治元（１８６４）年四月、「督責令《とくせきれい》」を発令して「兵賦」の義務を果たすよう催促し、どうしても兵士を出せない事情がある場合は「兵賦金」を上納するよう命じている。

オランダ式の三兵訓練そのものに限界を感じた小栗は、きちんとした指導者を招いて本格的な訓練をしないと日本陸軍の見込みが立たないとし、栗本鋤雲、フランス公使ロッシュを通じてフランス政府と交渉、慶応二（１８６６）年八月、軍事顧問団の招聘契約を締結した。これに基づき、慶応三年一月、シャノアーヌ大尉以下十五名の軍事顧問団が来日、即、教練が始まったのである。幕府は、遂に旗本御家人の武力に見切りをつけたわけで、直参の軍役はすべて金納となった。

小栗は、第二次長州征伐の苦戦に直面し、この時期フランスから大量の軍需品を買い付けている。その中に、シャスポー銃が含まれていた。

フランス士官の教練を受けた兵を、伝習兵、その部隊は伝習隊といわれて、この時期のことを叙述する歴史書などには頻繁に登場するが、伝習隊といえばシャスポー銃といわれるほど、この最新式の後装銃は伝習隊と共にやや伝説化したところもある。

軍事が解り、徳川近代軍制を構築しつつある小栗――討幕勢力にとってこれほど怖い存在はなかったであろう。益して小栗は、周りの「同調」で態度を決する「恭順派」ではない。どこまでも主戦派であった。

将軍慶喜が鳥羽伏見の戦場を捨てて、兵たちをも捨てて江戸へ逃げ帰ってからも、小栗は慶喜に徹底抗戦を主張したが、容れられなかった。

小栗の抗戦論は精神論ではなく、具体的な戦術を伴うもので、その戦術の優位性は後に討幕軍の長州・大村益次郎も認めている。

慶喜に激しく徹底抗戦を訴えた翌日、即ち、慶応四（1868）年一月十五日、小栗は勘定奉行を罷免された。小栗罷免の後、小栗同様の主戦派水野忠徳も徹底抗戦を唱えるが叶わず、一月十七日、幕府は幕議にて正式に恭順を決定したのである。「恭順」とは、即ち「討幕軍に対する降伏」に他ならない。

幕府が恭順を決めた以上は、もはや仕方がない。幕臣としては従わざるを得ない。一月二十八日、小栗は、知行所である上州権田村土着願を提出、これは翌日受理された。権田村土着のため、小栗一家が江戸を離れたのは、二月二十八日のことである。婦女子を伴った小栗一行が権田村に着いたのは、三月二日であるが、権田村は既に百姓や博徒たちが混然となった一揆勢に包囲されていた。この時期、上州にも世直し一揆廻状が出回っており、打ち壊しや放火が続発していたのである。

一揆勢が狙うのは、小栗が江戸から持ち運んできたとみられた財宝であった。小栗が、貯め込んだ財宝を持って権田村へ移住してくる——実は小栗は、そのようにみられていたのである。小栗は、武器弾薬を千両箱に詰めて運んでいたのだ。

小栗が大金を持って権田村へ移住してきたという誤解は、この千両箱だけが原因ではない。小栗が来るという風聞が流れただけで、一揆勢の組織化は始まっていたのだ。

小栗は、天下に名の知れた勘定奉行であった。しかも、この重職を四度も務めている。五百万両は貯め込んだに違いない。少なくとも百万両は固いだろう。その大金を持って、権田村に土着するのだ。小栗は、このようにみられていたのである。

小栗の収入は、実にはっきりしている。確かに小栗は、十か村に分かれていたとはいえ二七〇〇石の知行所をもつ大身旗本である。知行所からの年貢は、多い年で約千両、これに役職による足高などが加わる。小栗家の収入がもっとも多かったのは、渡米直前の安政六（1859）年で、その額は二六九〇両余であった。これについては、小栗直筆の小まめな家計簿が残されているのだ。

この収入で一族郎党を養わなければならないのだが、これを無視してこれに一切手をつけなかったとしても、一体何百年分を貯め込めば百万両という蓄えができるというのか。よほどの不正を働かない限り、一代では無理であるが、小栗は立場を利用して運上を詐取していたと噂されていたのである。

この風聞は奇妙である。大体、小栗を待ち構えていた一揆勢は二〇〇〇に達するという大規模なものであったが、権田村の百姓は加わっていないのだ。権田村を囲む岩永村、川浦村、水沼村、三ノ倉村の百姓が殆どであった。この四カ村は、小栗の知行所ではない。そして、参加しなければ打ち壊す、焼き払うと脅されて動員された者が多かったようだ。

つまり、博徒と考えられるプロが首謀者であったとの推測が成り立つのだ。その首謀者は三ノ倉村に本陣を置いていることまで分かっている。その博徒の後ろには誰がいたのか。

小栗は、事を荒立てることを避けたいと考え、村役人を通した交渉を行うことにした。三月三日、家臣大井磯十郎を立てて、一揆の首脳陣と談判を行ったのである。ところが、これが決裂した。一揆勢は、表向きは金が狙いであったから、これは決裂するであろう。となると、襲撃は避けられない事態となった。

翌三月四日、一揆勢襲撃。小栗勢は少人数ながらこれを迎え撃った。烏合の衆と戦術によって動く集団との戦闘では人数差が影響するウエイトは小さくなる。更に、小栗は約二十名のフランス式調練を受け、最新鋭の小銃を駆使する歩兵をもっていた。加えて、権田村から百名ほどが動員されていた。

一揆勢の死者十八名。生捕り多数。小栗勢は無傷。これが戦闘の結果である。四か村の村役人が詫びに来て、案の定、博徒に脅されてという言い訳をしたようだが、小栗は詫び状一札を取って和解に応じた。

この襲撃事件の後、小栗は村内の観音山に住居の建設に取りかかった。小栗は、この地に永住する心算であったようだ。

ところが、この一件は、小栗が要害の地に城館を築造しているという話になって拡散していくことになった。

四月二十二日、東山道総督府は、高崎藩、安中藩、吉井藩に対して小栗捕縛を命じた。要害の地に拠り砦を構え、大小砲を所持し、浪人を召し抱えて官軍に抗する構えであるというのが、その理由である。

高崎藩以下三藩とは、閏四月一日に談判がもたれ、三藩の使節たちは疑いを解き、小栗が恭順していることを総督府に報告している。三藩の使節たちにしても、総督府を名乗る薩摩・長州・土佐の朝廷権威をかさにきた横暴には戦々恐々としている。総督府に対する万全を期して、大砲を預けること、嗣子又一を同道させることを求めたので、小栗はこれを了承したのである。

閏四月三日、総督府は、長州・原保太郎と土佐・豊永貫一郎を監察使として高崎に派遣、二人は小栗の罪状明白として即刻誅滅《ちゅうめつ》すべしという総督府命令を突き付け、三藩がやらないのなら東山道軍本隊が出兵すると脅したのである。

これは、この時期よくみられたパターンである。やらなければ自分たちがやられる──多くの藩がこの恐怖で薩長に従っている。そして、これも多くの事例があるが、薩長や土佐の者の若さや教養レベルの低さが問題であった。

原はこの時、二十二歳、まだガキである。土佐の豊永に至っては十六歳、まだ洟垂《はなた》れ小僧であった。それが官軍である、朝命であるといっていれば、大名までもが平伏するのだ。この時期の彼らは完全に我を失って、舞い上がっていたのである。

これは、決してこの二人だけの話ではないのだ。薩摩、長州、そこへ土佐を加えたとしても、どれほどの人材がいたというのか。

特に、土佐という国はもともと文化レベルが低かった。それが先進地域へ押しかけて、傍若無人に振舞うだけならともかく無理難題を押し付ける。文化度の高い隣国伊予松山藩の民は、いい迷惑であったろう。

長岡戦争を前にした小千谷《おじや》会談において、あの長岡藩河井継之助と談判したのは土佐の岩村精一郎であるが、これがまだ二十四歳という若輩で、何のキャリアもなく、ただ土佐人であるという理由だけで突如軍監に起用されたのだ。

もし、河井の相手が岩村でなければ、長岡戦争は或いは回避されていたかも知れない。それほど官軍という小さな組織には人材が欠乏していたのである。この時の、原、豊永は、岩村のケースより更に酷いといっていいだろう。

閏四月六日、小栗は三ノ倉村烏川河原に引き出され、家臣三名と共に有無をいわさず斬首された。高崎藩で牢に繋がれていた又一も、翌七日、惨めにも牢の前で斬首された。

小栗斬首のこの経緯をみると、はっきりしていることは、東山道総督府は端《はな》から小栗を殺す心算であったということだ。何が何でも生かしておいてはならぬという方針があったように感じられる。

それは、東山道軍だけで意思決定できることなのか。対象は、あの小栗である。答えは否であろう。

では、どこで決定されたのか。まだ確かな裏付けは取れないが、私は、西郷吉之助の意向が働いてはいなかったかと疑っている。東海道を受け持った西郷が、東山道軍にも〝指示〟するというケースは、他に幾つも存在する。

西郷にとって小栗は巨大であった。長州征伐にも、自分の謀略とはいえ、三田の薩摩藩邸焼打ちにしても、背後に小栗がいる。これが西郷の確信であり、これは筋違いともいえないのだ。

粘着質の西郷は、一度怨んだら、とことん怨みをもち続ける。そして、常に独断先行する武断派である。西郷なら、一存で小栗抹殺を命令しても、全く不自然ではなく、不可能でもないのだ。取り調べの恰好をつけるといった、最低限の体裁さえも、西郷という仮定を設けると不要となることに違和感はなくなるのだ。

更に、無視できない説がある。

小栗を襲撃した一揆勢の中に、赤報隊崩れが混じっていたというのだ。小栗は、関八州の不逞の輩《やから》に対しては厳しい対応をしてきて、上州博徒からも恨まれていたろう。しかし、西郷が放ったテロ集団赤報隊崩れが周辺にいたとなると、単なる荒くれ者たちが、という話ではなくなってくる。

赤報隊の不逞の輩とは、雑多な種類の者の寄せ集めであり、リーダー相楽総三《さがらそうぞう》に対するロイヤリティとは無縁の者も多かったのである。

そのことを思うと、奇妙な一致に気づく。

小栗主従の斬首を実行したのは、先の原保太郎と豊永貫一郎、そして、元彦根藩士大音《おおと》龍太郎である。いずれも、岩倉具視《ともみ》の用心棒のような連中である。

そして、この三人こそ上州へ入る前に、諏訪で相楽と相楽率いる赤報隊一番隊の首を斬ってきた者たちであった。

小栗という名前は、討幕軍にとっては主戦派の代名詞であった。しかし、論理的にいえば、勘定奉行を罷免された時点で幕府の採った対応や施策に対する彼の責任は消滅しているのだ。徹底抗戦の主張も評定の上でのことであり、ひとたび幕議が恭順と決し、それに従う限りは咎《とが》めを受ける筋合いはない。感情的に咎められる立場に陥ったとしても、問答無用でいきなり斬首ということは、テロを展開してきた討幕勢力の間でも他に例のないことであった。

理屈をいっても詮《せん》ないことである。

いずれにしても、原や豊永のような者たちは勿論、これを使っていた西郷や討幕軍の幹部たちにとって、小栗という人物は、政治的にも軍事的にも存在するだけで怖かったのであろう。

なお、小栗の身重の妻や母をはじめとする家族は、生き残った郎党や権田村中島三左衛門らに守られ、裏街道を会津へ逃れた。

六月十日、薩長軍とこれに従う諸藩の大軍が会津攻めに向かう中、会津城下で長女クニという新しい命が誕生したのである。

小栗上野介顕彰慰霊碑

第四章

徳川近代の群像　～奮戦、幕府歩兵隊～

1　歩兵と小銃

史上初めて我が国を占領したアメリカ合衆国に今なお隷属しているとしても、戦後八十年近く平和を維持してきたこと自体は、評価されるべきことかも知れない。しかし、我が国の歴史でそれ以上に評価されるべきは、軍事政権である徳川政権が二百五十年という永きに亘《わた》って平和を維持したことであろう。このような長期の平和は、世界史にも例をみない。そして、その末期の約十五年間こそ、日本の夜明けといっていい、近代の幕を開いた時代であった。

小栗忠順《ただまさ》、岩瀬忠震《ただなり》、小野友五郎、水野忠徳、川路聖謨《かわじとしあきら》、木村喜毅《よしたけ》――本書で述べてきた彼ら幕臣官僚には、既に近代人の芽が宿っていたように見受けられる。しかし、彼ら以上に、確かにこれこそ「近代」ではないかと感じさせる存在が、幕府歩兵隊であった。

別に品行が方正であったわけではなく、優れた武力で軍事・政治的業績を歴史に刻んだわけでもない。むしろ、どちらかといえば粗野な兵卒の集まりであり、当初は戦闘部隊として武功を挙げることもできなかった。

この部隊は、歴史の上では名もなき百姓の集まりであった。時に、人別帳からも除かれた博徒やならず者もいた。兵卒に武家はいない。まずこの点で、彼らは「近代軍隊」の資格をもっていたといえるだろう。

彼らの戦いの足跡を追っていくと、何故《なぜ》か悲壮感を感じることも、逆に感動を受けることもなく、どこか可笑しく、滑稽ですらある。ほんの一瞬、歴史に確かな輝きを放った彼らは、後の帝国陸軍とは性格的な繋がりを全くもっていない。「天皇の赤子《せきし》」といった天皇原理主義に染まる体質は全くもたず、月給をもらって戦闘をする職業兵士たちであった。皮肉なことに、彼らがもっとも強かったのは、幕府が崩壊してから後のことであった。

今一つ注記しておきたいことは、幕府歩兵隊は日の丸を押し立てて、菊花の旗を掲げる薩長討幕軍と戦ったという史実である。戊辰戦争とは、日章旗と菊花旗の戦いでもあったのだ。蝦夷地へ渡った榎本武揚《たけあき》軍も、日の丸を掲げて菊花旗の新政府軍と戦った。このことは、特に菊花旗がもたらした明治近代の本性を認識する上で、知っておくべきことである。

本書で述べた通り、幕府歩兵隊は、小栗が主導した文久の軍制改革によって生まれた。この改革は、文久二（1862）年十二月発令の「兵賦令」とセットになっており、兵卒が旗本の知行所から徴集された。つまり、初めて百姓が幕府軍の戦闘員となったのである。

この時の布告のポイントは、以下の通りである。

●銃隊に編成して屯所に入れる
●兵卒年齢は十七歳～四十五歳　五年間を期限として交代
●名称を「歩兵組」とする
●武器と付属品、衣服は貸与
●給料は主人の存意、但し、年俸十両以下
●食糧は官給

この兵賦による陸軍編成は、なかなかうまくいかなかった。旗本が何とか応じようとしても、知行所の村役人たちは、例のないことで説得が難しいとか、まだ疱瘡《ほうそう》を済ませていないとか、とにかくいろいろな理由をつけてごねるのである。

そうなると、上限年俸十両と定められた給料の相場が上がっていく。越後の津南では、兵賦一人五十両まで値上がりした例がある。

屯所は、文久三（１８６３）年二月に西丸下、大手前に、五月に小川町、七月に三番町に開設された。それぞれ収容人員は五〇〇〇とされているが、これを満たす徴兵ができたことがあったのか、かなり疑わしい。

兵士たちはこの屯所に賄い付きで住むのだが、そうなると今でいう「給食」とそれを請け負う業者が必要となる。その給食を請け負ったのが、麹町の伊勢屋八兵衛と日本橋の伊勢谷平兵衛である。彼らは、幕府外国方に出入りしていた御用商人であった。

衣服はどうしたのか。兵士の〝制服〟は、チョッキ（羽織）、紺木綿の筒袖にシャモ袴（ズボン）である。シャモ袴も紺木綿で、「ダン袋」と通称された。

更に、銃剣用に支給された脇差から、弾丸、火薬、弾薬入れ（胴乱）、手拭、背嚢《はいのう》等々、すべて何万人分という大量需要が発生するのである。ここに、初めて本格的な「軍需産業」が発生することになる。

受注を狙う業者は、役人に「心づけ」というか「袖の下」というか、利権を得るために金を握らせる。これを「散り金」といった。うまい話にありつくためにばら撒く金だから「散り金」である。

例えば、脇差は、山田屋善兵衛、山田屋金兵衛が一本五両で請け負ったが、一本につき一両二分が散り金として役人の懐へ入ったという。勿論、これは当時の噂話であって、この数字を裏付ける史料が存在するわけではない（敢えて史料原理主義者にお断りしておく）。

軍需が生まれれば、利権が生まれる。これを巡って癒着も発生する。これを是認する心算《つもり》はないが、その前に歩兵隊を組織すれば何が伴って必要になるか、その視野が必要になるという点に着目すべきである。

小栗に代表される徳川近代の実務官僚には、そういう広さと深さをもった視野が備わっていたのだ。歩兵隊の創設以外でも、造船所の建造、築地ホテルの建設、兵庫商社の設立、どれをとっても巨大な新規事業である。「それに伴って〜」という派生事業が多岐に渡って必要となるのだ。癒着の問題は、その後の問題である。

さて、歩兵を集めて、その調練ではどういうことが行われていたのか。

先ず、直立不動の姿勢を教え込む必要があった。そして、「頭！　右」や「直れ」である。

当時、といってもたかだか百六十年ほど前でしかないが、その頃の日本人は走れなかったのだ。歩く時も、腕を足と互い違いに振らなかった。従って、今のようには走れなかったのだ。訓練は、ここからであった。

歩兵の動きは、すべて小隊単位である。調練も個人の身体の動かし方から小隊運動へと移る。小隊単位で整列、行進、前進、後退、早足、駆足《かけあし》などが整然とできない限り、小銃は持たせてもらえないのだ。

「小隊前へ！　進め」という号令も決まっている。その時、四十人全員が必ず揃って左足から踏み出す。早足は、歩幅七十五センチ、歩速一分間に百十歩、駆足は、九十センチで百五十歩である。

小隊運動が整然とできるようになって初めて、銃を持たされるが、まだ弾丸は込められていない。銃の持ち方がスタートである。そして、銃を肩に乗せたり、下ろしたり……この動作を叩き込む。銃はゲベール銃、一挺四キロという重さである。「肩へ！　銃《つつ》」「担え！　銃」「捧《ささ》げ！　銃」「槍！　附けへ」「槍！　脱《はず》せ」などがきちんと身に付いたら、ようやく弾丸の装填が許される。銃を立てる、挙げる、下ろすといった一つの挙動は、０・６秒と決められていた。

銃の輸入が自由化されたのは、安政六（1859）年である。ペリーの黒船が来航した時、即ち、嘉永六（1853）年、久里浜でペリー一行を出迎えた幕兵はまだ火縄銃を持っていた。小栗が万延遣米使節団の目付として渡米した時、一行はワシントンでもニューヨークでも大歓迎を受けたが、この時アメリカ軍儀仗兵が捧げていたのはゲベール銃であった。

徳川近代という時代は、世界的に銃器の驚異的な改良進歩がみられた時期である。これをもたらしたものは、クリミア戦争（1853〜56）、南北戦争（1861〜65）、普墺《ふおう》戦争（1866）と続いた、やはり戦争であった。開発競争のスピードが加速し、新式は直ぐ旧式となって、その旧式が日本に吹き溜まったのである。

幕府歩兵隊の調練が始まった時期は、ゲベール銃がミニエー銃に入れ替わる過渡期に当たるのだ。そして、この時期の小銃の技術革新には、戦局を左右するほどの重要な変革が起きていたのである。

もし火縄銃部隊とライフル銃部隊が正面きって戦えばどういう結果になるか。結果は明らかであろう。百回戦えば、ライフル銃部隊が百連勝する。勿論、一対一で戦っても、ライフルに故障でも発生しない限り、結果は同じである。部隊と部隊の衝突となれば、数挺のライフルが同時に故障しても結果は変わらない。実は、幕府崩壊後に官軍が無理やり起こした会津戦争とは、そういう戦いであり、装備の面で会津軍に勝ち目はなかったのである。

以下は、当時の銃の有効射程距離である。

●ゲベール銃・マスケット銃　＝八十〜百メートル　（滑腔式・前装式）
●ミニエー銃・エンフィールド銃　＝三百〜五百メートル　（施条式・前装式）
●スナイドル銃・シャープス銃　＝六百〜八百メートル　（施条式・後装式）
●スペンサー銃　＝三百〜五百メートル　（施条式・後装式）

これらについては、「有効射程距離」という表現を使ったが、ゲベール銃の弾丸が三百メートルも飛ばなかったということではない。

例えば、ゲベール銃とミニエー銃を比較すると、距離が延びると命中率が全然違うのである。百ヤード（約91メートル）と四百ヤード（約365メートル）の命中率は以下の通りである。

●ゲベール銃　百＝74・5％　四百＝4・5％
●ミニエー銃　百＝94・5％　四百＝52・5％

これだけの差があると、実戦ではゲベール銃部隊は戦術そのものを考える必要に迫られるだろう。

当時の銃の大きな技術革新の一つは、滑腔式から施条式へと進化していったことである。

滑腔式とは、腔内弾道が単に円筒状になっているもので、弾丸は弾道の中をガタガタと揺れて進むことになる。従って、滑腔式銃の命中精度は極めて低い。

これに対して、施条式とは弾道にらせん状の溝をつけたもので、弾丸は溝に食い込んで、その傷をつけながら回転して発射される。溝に食い込むので、弾丸は弾道の中心線から余りずれることがなく、ターゲットとした方向に正確に飛ぶ。つまり、命中精度が高いのだ。

流体力学には「ベルヌーイの法則」とか「マグナス効果」というものがあるが、要するに、傷があって回転して飛ぶ物体の飛距離というものは、無傷で無回転のものの通常三倍前後だというのである。

野球の投手の投げる球を〝科学する〟時も、この「ベルヌーイの法則」や「マグナス効果」はお馴染みであって、例えば「重い球」というのは滑腔式銃の弾丸のように無回転、或いは殆ど無回転に近いのである。ゴルフボールのディンプルも同様の論拠によって施されているものであって、もしゴルフボールにディンプルがなかったら、プロゴルファーの飛距離に格段の違いが出て、マスターズの優勝スコアも根本的に違ったものになっていたはずである。

戦国期、或いはそれ以前の合戦に使う弓矢の表面には傷がつけてある。この国の武士は、経験的に流体力学を会得していたことになる。

前記の銃の中で、ゲベール銃が滑腔式で、ミニエー銃、スナイドル銃が施条式、スペンサー銃は施条式の連発銃である。つまり、ゲベール銃は他の銃に比べて射程距離が短く、命中精度も極めて低いということになる。

実戦では更に重要な違いがあった。前装式か後装式かという、弾丸を込める方式の違いである。

前記の銃では、ゲベール銃とミニエー銃が前装式、スナイドル銃とスペンサー銃は後装式である。前装式とは文字通り弾丸を前から、つまり銃口から装填する方式であるから、弾を入れる時、銃身を真っ直ぐ立てる必要がある。敵の銃弾が飛んでくる前線でこれをやることになるのだ。

これに対して、後装式のスナイドル銃やスペンサー銃になると、弾頭部・火薬部・鉛部・信管部が一体となったカートリッジ状の弾丸を銃尾の弾倉へ装填すれば、あとは引き金を引くだけであって、操作は遥かに簡単である。何よりも、次の弾を撃つまでの間隔が短い。即ち、発射速度が前装式とは全然違うのだ。

スナイドル銃の発射速度は、通常ミニエー銃の三倍、ゲベール銃の六倍とされている。つまり、発射速度だけでいっても、スナイドル銃一挺はゲベール銃六挺に匹敵するのである。

更にいえば、前線ではこのような単純な差では済まなくなる。前述した通り、敵のスナイドル銃の銃弾が激しく飛んでくる中で、ゲベール銃の銃身を立てて自らも立ち上がって弾丸を入れ、「さく杖」を押し込んでいられるのか。弾を込めるのに決死の覚悟を要する。現実に戊辰戦争や会津戦争では、多くの歩兵がこれで命を失っているのだ。

いつの時代も、武器の進歩はひとたび戦争が勃発すると加速がつく。当初はオランダ製のゲベール銃が、同じオランダ製のマスケット銃にとって代わっていたが、文久年間には国産ゲベール銃が国内需要を賄うまでになっており、ゲベールは洋式歩兵銃の代名詞でもあった。ところが、次の慶応年間に前装式ながら施条式銃が輸入されるようになると、ゲベールは忽《たちま》ち旧式となり、戊辰戦争時には既に主力歩兵銃の座を失っていたのである。

ゲベールに代わって主力の座についたのが、ミニエー銃である。フランス陸軍のミニエー大尉が開発したところからこの名称があるが、幕末にはそのフランス製だけでなく、アメリカ製、ベルギー製、イギリス製からオーストラリア製までもが入ってきており、戊辰戦争では弾薬の補給で混乱がみられるケースが多かったようだ。輸入数量では、ベルギー製がフランス製より多かったことが分かっている。アメリカ製は、南北戦争で使われた中古品であった。

エンフィールド銃はイギリス製で、実は戊辰戦争において使用されたミニエー銃の多くは、エンフィールド銃であった。「鳥羽ミニエー」と呼ばれた銃がこれである。TOWERという刻印があったので、それを蘭語読みして「鳥羽ミニエー」と通称したものだが、幕府をはじめ各藩がこれを装備した。歩兵用の長小銃（ライフルマスケット）、下士官用の短小銃（サージェントライフル）、海軍用の短小銃（ネーバルライフル）などバリエーションの多いことが特徴である。

イギリス製のスナイドル銃は、単発ながら後装式であり、戊辰戦争では大いに活躍した。しかし、「廃藩置県」の後、兵部省がまだ出回っている武器を回収したのだが、その時回収したスナイドル銃は五千挺強に過ぎなかったという。回収した小銃の総数は約十八万挺であったというから、スナイドルの割合は三パーセントにも満たなかったということだ。この銃は多くの藩が少しは保有していたようだが、一定数以上の数量を保有していたのは、長州・薩摩・佐賀という討幕藩であった。

平成二十五（２０１３）年の大河ドラマ『八重の桜』でお馴染みとなったのが、アメリカ製の元込《もとごめ》七連発銃・スペンサー銃である。これには騎銃と歩兵銃があるが、戊辰戦争で使われたのは騎銃であった。これも輸入量が少なく、『武器と防具　幕末編』（新紀元社刊）によれば四千七百挺あまりであったという。佐幕藩にも多少は配備されていたが、一定数量を配備していたのは、やはり長州・薩摩・佐賀・大垣・広島藩など、いずれも討幕藩であった。

幕府歩兵隊は、こういう武器環境の中へ身を投じることになったのである。

2　江戸脱出、流浪の伝習隊北へ

歩兵は、百姓出身である者が殆どであった。江戸という大都会の屯所に入れられ、仲間だけを頼りに、実は神経を張り詰めて生きているところがあった。それだけに、仲間意識が強い。

彼らには、月に六日の休日があった。この時、よくトラブルが発生した。

文久三（１８６３）年八月、歩兵組約三十名が、両国広小路の象の見世物小屋で木戸番ともめ、江戸市中警備の新徴組に取り押さえられた。これを聞きつけた屯所の歩兵約七十名が押しかけ、象の見世物小屋を打ち壊すという騒ぎに発展、町奉行所捕方《とりかた》二百名が出動してようやく鎮圧した。

これが、歩兵トラブルの第一号とも、原形ともいわれる。一人ひとりはからきし弱いが、群れると暴れるという行動パターンである。

酔った歩兵の集団が芝居小屋に乱入、取り押さえに出動した武州岩槻藩家中が歩兵一人を殺害してしまったのをきっかけに複数の屯所から歩兵たちが駆けつけ、その数三百名、芝居小屋一帯を占拠したという騒ぎも勃発した。

百姓が急に脇差を支給され、戦闘の訓練を受ける——何かあると直ぐ脇差を振り回して暴れる。頼りは、屯所の歩兵仲間だけであった。このようにして歩兵社会が形成され、その仲間意識だけは益々強くなり、この種の問題は明治近代に入ってからの軍隊でも同様に発生したのである。

それでも彼らは日々しごかれている間に、銃の装填から発射までの動作が1分間に3発という基準をクリアするようになり、歩兵銃隊としての体裁を成すようになっていったのである。

歩兵組の〝初陣《ういじん》〟は、水戸天狗党討伐であった。元治元（1864）年六月末〜七月のことである。幕府軍総勢三七七五人の内、歩兵組は一一五〇人であった。

歩兵隊は、この初陣を飾ることができなかった。この時の装備はゲベール銃であったが、これが敗因とはいえない。指揮官の問題であった。中でも、総指揮官氷見貞之丞は、夜襲をかけられて狼狽し、馬の轡《くつわ》を見失って自分の帯を代わりにして、下総・古河まで必死になって逃げたという。軍監小出順之助も常陸の下館まで逃げ去ったらしい。指揮官クラスがこれでは、戦《いくさ》にならない。

しかし、歩兵隊は頑張った。

――先方よりの鉄砲あたまの上を通り越し候て、またまた起き上り、打ち立て候業早きこと、よくよく熟練致し居り、皆々驚き入り候由――

これは、野口武彦氏が『幕府歩兵隊』（中央公論新社）で引用している『藤岡屋日記』の叙述である。劣勢の中、彼らは一発放ったら姿勢を低くして弾を装填し、直ぐ起き上がって一列になって撃つという反撃を行っているのだ。走ることから教わらなければならなかった百姓たちは、厳しい訓練でここまで歩兵らしくなっていたのである。

旗本にしても百姓たちにしても、生まれて初めての戦場《いくさば》であった。耳元で弾丸が空気を切り裂く音を聞いて初めて、これが戦だと実感したことであろう。それにしても、旗本は軟弱化しており、まだ百姓上がりの歩兵たちの方が逞しかったといえるだろう。

幕府歩兵隊の問題点は、士官クラスに殆ど人がいなかったことだ。士官クラスの絶対人数も不足していたのである。

当時（元治元年）の陸軍高官の顔ぶれは以下の通りである。

陸軍奉行　竹中重固《しげかた》

陸軍奉行並　溝口勝如《かつゆき》

歩兵奉行　藤沢次謙《つぐよし》

黒川盛泰《もりやす》

小出英道（並）

歩兵頭　朝比奈昌広など八名

歩兵頭並　榊原鏡次郎など十六名

私たちが理解し易い後の陸軍の職制としての階級でいえば、大体、このあたりまでが左官クラスである。問題は、その下の尉官《いかん》クラスで、例えば、歩兵差図役頭取は定員が八十名、同じく歩兵差図役は九十六名であるが、先の野口武彦氏によれば、幕府解体までに名前が確認できるのは、歩兵差図役頭取が四十一名、歩兵差図役に至っては僅か四名だという。この四名の内の一人が、後に衝鋒隊《しょうほうたい》を率いた古屋佐久左衛門である。

勿論、記録がないだけで、実態がこのままの人数であったとは断定できないが、現場で指揮をとる士官、下士官クラスが圧倒的に不足していたことは確かであろう。要するに、幕府陸軍はまだ頭でっかちであったのだ。高官は身分に拠って任命することもできるだろうが、実戦キャリアで人材を選抜しようにも、永い平和で判断材料となる実戦キャリアなど存在しなかったのである。

この、士官、下士官クラスの養成を意識して幕府歩兵隊は、この後、イギリス伝習を受け、更に小栗が主導したフランス伝習へと移行していく。

イギリス軍の伝習は、妙なことから実現したものである。陸軍方内部で、三兵の士官をオランダへ留学させようという計画がもち上がった。それを受けた外国奉行は遠いオランダへ留学生を派遣するのもいいが、近くにイギリス軍が駐屯している、そのイギリス軍から調練を受けた方が安上がりで、早道ではないかと考えたのだ。

折しも、これとは別に、神奈川奉行所が独自にイギリスの調練を希望してきたこともあって、これが実現したものである。

うまいことを思いつくものだと受け止める向きもあるかも知れないが、外国奉行も神奈川奉行所という現場も、逞しいものである。尊皇テロの嵐が吹き荒れている中、尊皇・勤皇は建前として、己の職分として兵隊の近代化を急がなければならないとなればその現実の課題解決に一生懸命取り組んでいるのだ。

実はこの背景には国家的な危険が横たわっていたことに留意する必要がある。何故そこに、具体的には横浜にイギリス軍が駐屯していたのか。幕末史の検証においては、ここを浮き上がらせなければダメである。そして、現場の現実とのギャップを考えるべきなのだ。

これは、文久二（1862）年八月に薩摩・島津久光が惹き起こした「生麦《なまむぎ》事件」の一つの結果であった。久光の行列がイギリス人を斬り殺したこの事件は、幕府が賠償金を支払うだけでは終わらなかったのだ。イギリス軍艦十隻が横浜に入港、陸軍は居留民保護を名目に千人規模の部隊を駐屯させたのである。

これこそ、イギリスが植民地支配をするプロセスの定型である。本国政府の方針転換、日本が大名連合という連合軍事政権であったことなどから、イギリスは簡単には動けなかったが、他のアジア諸国ではここから一気に侵略に突き進んでいるのだ。

オールコックが本国政府の訓令を忠実に守っていないということもあり、この時点が日本にとってはもっとも危険なタイミングであった。「生麦事件」は、大名行列に認められていた「斬り捨て御免」をめぐる武家の論理と国際慣例の衝突であるが、当時燃え盛っていた「夷人斬り」というテロが如何に日本を危険な局面に追い込むか、薩摩史、長州史はこの点を猛省と共に振り返らなければならない。

我が国の歴史教育は、「生麦事件」の年号は教えても、最低でもここまでが事件に含まれることを全く教えないのである。多くの学者や作家にしても、同じことなのだ。

更に補足しておくと、イギリス本国政府は厳しい「王室布告」を複数発令して、極東現場の暴走を食い止めにかかっていたのである。

イギリス軍による調練では、イギリスのエンフィールド銃が使われた。これは、ミニエー銃の一種と考えていい。横浜駐屯ブラウン大佐は、使い慣れた銃で調練したということであろう。

なお、長州がグラバー商会と薩摩の支援を受けて密貿易で大量に買い付けたのが、このエンフィールド銃であった。

イギリス軍による調練は、あくまで出先の軍が現地で行ったものに過ぎないが、本書で述べた通り、小栗はフランスによる伝習を企画し、慶応二（1866）年八月、幕府はフランスと軍事顧問団の招聘契約を締結した。翌慶応三年一月、シャノアーヌ大尉以下十五名の士官が来日、フランス式の伝習が始まったのである。これは、政府間同士の契約によるものであった点がイギリス軍による調練と全く異なるもので、イギリス調練が「柵の外から眺めて真似るだけ」と揶揄《やゆ》されたほど、フランス伝習は本格的であった。

フランス伝習を受けた兵を伝習兵、その部隊を伝習隊と呼ぶが、伝習隊といえばシャスポー銃といわれるほど、装備も一新されたのである。ただ、歩兵部隊全隊がシャスポー銃を装備したとは考えられない。シャスポー銃一万挺が一気に輸入されたことは確かなのだが、輸入したことと実戦配備は別問題であり、伝習隊のシャスポー銃というのは、やや伝説化したところがある。

幕府の命運が尽きようとする慶応年間よりもっと早くフランス伝習が始まり、一万挺ものシャスポー銃が装備されていたら、そもそも長州征伐の結果は違ったものになっていたはずである。

確かに、イギリス調練やフランス伝習によって士官は育っていった。兵も一層鍛えられた。しかし、真に歩兵を強くしたのは、やはり実戦であった。

第二次長州征伐（慶応二年六月〜）、鳥羽伏見の戦い（慶応四年一月）を経験して、彼らは逞しく変貌していった。

長州戦役では、歩兵隊七大隊が大坂に送られている。計算上は約六四〇〇人である。ところが、前線に出ているのは、記録が一致しないのだが、「二大隊」または「二レジメント（連隊）」である。文久兵制に従えば、二連隊＝四大隊＝三千二百人となる。屯所別にみても、西丸下歩兵隊と三番町歩兵隊が前線に投入されており、大手前、小川町屯所の歩兵の消息が分からないのだ。これが動員の精一杯であった可能性がある。

名門彦根藩井伊家、高田藩榊原家の弱兵ぶりとは対照的に、歩兵隊は〝もてた〟。あちこちから応援要請がきて一つの持ち場に張り付けず、弱い箇所の手当てに次々と転戦する有様であった。

鉄砲を撃ちまくって銃身が熱くなると交代して岩陰で「高いびき」で眠り、疲れをとってまた交代して撃ちまくったというのである。本来主力であるはずの井伊、榊原兵が広島へ敗退して出てこないために総崩れとなっていた芸州口戦線を膠着状態まで引き戻したのは、間違いなく歩兵隊の奮戦であった。

長州戦役にしても鳥羽伏見にしても、幕府勢敗退の理由は装備ではない。どちらも「ガバナンス」が不在であったということだ。長州では各藩がバラバラに戦っており、鳥羽伏見では、陸軍奉行竹中重固《しげかた》が真っ先に逃げている。そして、指揮官どころか将軍慶喜の司令部そのものが敵前逃亡するのだから、兵卒は堪ったものではない。

今ここで、長州戦役や鳥羽伏見の前線の状況を述べる紙幅は全くないが、歩兵たちはよく戦った。特に伝習隊の奮戦は、目を見張るものがあったという。

鳥羽伏見でも各隊は勝手に戦わざるを得なかったのだが、藩兵では会津兵、桑名兵、士分の者から成る部隊では遊撃隊、その他では新撰組、見廻組が決死の奮闘をしたのみであった。その遊撃隊からみても、伝習隊・歩兵隊の働きは認めざるを得なかったのである。

『幕末維新全殉難者名鑑』という史料が鳥羽伏見での戦死者を網羅して記録していることになっているが、それによると「全殉難者」は百名で、すべて士分である。要するに、もっとも奮戦した歩兵を数えていないのだ。前出『藤岡屋日記』では、士分四十四名、歩兵二四三名となっている。

歩兵たちは、大都会江戸へ吹き溜まったプロレタリアートの群れであるという見方があるが、如何にも教条的な表現であり、こういう叙述しかできない学者が幕末動乱現場の息遣いというものを遠ざけているのである。これまでの歴史叙述がこういう風なので、それに従った言い方を踏襲すれば、司令部に見捨てられた彼らは、武装したプロレタリアートとして江戸に帰還したのである。彼らにとっては、尊皇でも佐幕でもどちらでもいいのだ。誰が給料を払ってくれるのかが唯一最大の問題なのだ。

地獄を生き延びてきた歩兵たちは荒れていた。幕府軍の脱走は、江戸城開城の四月十一日以降の動きとして語られるが、それもお話とは異なり、江戸へ帰還した直後から脱走は始まっていた。

博徒やならず者までが募集兵として含まれていた三番町屯所の第十一連隊、第十二連隊は鳥羽伏見で苦戦を強いられ、勇敢な指揮官佐久間信久、窪田鎮章《しげあき》を失った。歩兵にとって重要なものは、給料と指揮官である。彼らには、怒りが鬱積していた。二月七日、彼らは当直将校を射殺して脱走した。

佐久間隊という部隊は、実に勇敢に前線で討幕軍を切り裂いて奥深く突き進んだ部隊であったが、驚くべきことに軍事常識を無視して幕軍は全く「後詰《ごづ》め」を送らなかったのである。指揮官佐久間に従って敵中深く切り裂いた歩兵たちにしてみれば、信じ難いことであったろう。

その前々日の二月五日には、伝習隊の四百名が八王子方面へ脱走、これにはフランス人士官が加わっていた可能性があるが、この一隊は後に大鳥圭介の脱走軍に合流した。

慶応四（1868）年四月十一日、江戸城明け渡し。この日、榎本艦隊が脱走し、彰義隊が結成され、歩兵隊の本格的な江戸脱出が始まった。

なお、「脱出」という表現は、薩長軍が「官軍」を名乗ったことから、これに従わなかった者が「脱出」と位置づけられたものであって、歩兵たちにしてみれば、まだ降伏した覚えがないということに過ぎないのだ。まだ「恭順」（降伏）しない末端の兵たちを説得する役目を勝海舟が担っていた。

脱走歩兵隊は無名の戦士集団である。しかし、この集団には少なくとも二人の歩兵たちにとっての〝ヒーロー〟がいた。大鳥圭介と土方歳三《ひじかたとしぞう》である。土方とは、そう、あの新撰組副長・土方歳三である。

江戸城明け渡しの日、土方は六名を従え、江戸を出て、下総鴻之台《しもふさこうのだい》に集結する幕府軍に合流した。何故鴻之台であったのか、それははっきりしない。

ここから「幕府侍」と自称していた土方歳三の、短く、激しい戊辰戦争の最終章が始まったといえるだろう。それは、歩兵たちにとっても短い幕府歩兵隊の一生の最終章であり、彼らがもっとも強かったのは、江戸脱出後の、土方に率いられたこの最終章であった。

四月十二日、軍議が開かれ、集結した脱走幕府陸軍約二千名は、次のように編成された。

総督　大鳥圭介
前軍　隊長　秋月登之助《のぼりのすけ》
　　参謀　土方歳三
　　伝習第一大隊、砲兵隊、回天隊、桑名士官隊など千人
中軍　隊長　大鳥圭介
　　伝習第二大隊など四百人

後軍　隊長　大鳥圭介
　　七聯隊、御料兵、別伝習隊、土工兵など六百人

大鳥圭介は、幕府歩兵奉行を務めたエリートで、知名度も高かった。ただ、実戦経験がなく、大鳥自身もそれを理由に総督就任を固辞したが、結局は受諾した。

秋月登之助は、会津脱藩。伝習第一大隊に入隊して指図役を務めた人物である。幕府陸軍のコントロールを企図した会津抗戦派を代表する人物とされる。

桑名藩士の記録にも「機知と勇略を兼備した」と評されていた土方は、ここでも知名度も高く、新撰組時代の実戦経験も知られており、自ずと存在感を示していた。

大鳥や秋月は、その経歴、キャリア、所属した組織への評価などが加わって推挙されているが、土方は既に新撰組という組織の枠を超え、個としての評価で選出されている。ただ一人の「参謀」と位置づけられたことが、このことを如実に示している。

やはり江戸を脱出し流山に集結していた新撰組の生き残りは、既に四月四日に会津へ向かっていた。今、土方に従う隊士は六名だけである。しかし、一度組織として成立した新撰組は、決して消滅したわけではなかった。この後、新撰組は箱館まで生き

延びて戦っているのである。

鴻之台に集結した幕軍前軍と中軍は、徳川の聖地・日光東照宮を目指してその日十二日のうちに出陣、布施から渡河して戸頭に出て、水海道を経て北上した。

既にこの時点で、土方は宇都宮城攻略を考えていたものと思われる。北関東戦線の構築――土方はそれを企図していたのであろう。

もともと組織戦に長けていた土方という男は、単なる「新選組、鬼の副長」ではない。戦術家であったことは勿論だが、戦略の解る指揮官であった。

途中の小藩を制圧しつつ進軍した後、四月十九日、早朝から宇都宮城攻略が開始される。城の守備に当たっていたのは、宇都宮藩兵三百、彦根藩、須坂藩、岩村田藩の兵合計三百、総勢六百とされている。

先鋒は、土方率いる桑名士官隊、中軍は秋月率いる伝習第一大隊、回天隊が後衛に回った。土方は下河原門を、秋月が中河原門、回天隊が南館門を攻め立てたこの戦闘は、白兵戦が繰り広げられるほど激烈な戦闘となった。

余りの激しさに耐え切れなくなったのか、一人の歩兵が逃げ出そうとしたところ、指揮していた土方はこれを斬り捨てた。

その時、土方が発した一声が、

「退《ひ》く者は斬る！」

これに勢いを得て、攻め手は遂に城門を突破したという。

このエピソードは、桑名藩の記録をはじめ、複数の記録に残されているから、事実であったものと思われる。どこか新撰組の「軍中法度《はっと》」に通じる苛烈さを感じるが、土方は「烏合の衆」ともいえる集団を律するには、見せしめも必要と考えていたのであろう。

土方が、軍律違反には特に厳しく対処したことはよく知られるところであるが、その象徴が新撰組の「軍中法度」であろう。戦には市民に対する乱暴狼藉、掠奪が付きものであるが、これも軍律違反であり、当然土方はこういう違反にも厳しかった。

しかし、私には単なる軍律厳守、規律重視では説明し切れないものがあるように思えるのだ。土方の考える組織とは、戦闘集団である。戦う組織が前へ進まず、後ろへ下がったら、勝てる戦はなくなるのだ。戦は、勝たなければならない。少なくとも、負けてはならない。そのためには、退いてはならないのだ。土方には、そういう思いが強過ぎたのではあるまいか。戦術とは別に、そういう強すぎる思いがあったとしか思えないのである。

土方が、その短い生涯の最期にも、やはり、

「退く者は斬る！」

と叫んで銃弾に斃《たお》れたことは、この意味で象徴的なことではないかと感じるのだ。

宇都宮城は、一日で陥落した。

宇都宮七万一〇〇〇石の城が、僅か千人規模の歩兵隊によって、それも僅か一日で落ちたのである。後軍の大鳥圭介がこれを知ったのは、夜になってからであり、彼は俄かには信じ難い思いをしたのである。翌日、遅れて宇都宮城に入って初めて、その光景に驚くのみであったという。

「鳥羽伏見」以来、局地戦においても惨敗に惨敗を重ねてきた幕府サイドにとっても驚くべき出来事であった。恭順派の勝や大久保にとっては、官軍の江戸城入城の後であったことが、幸いであったという思いではなかったろうか。

しかし、新政府軍の増援部隊が間を置かず宇都宮城南西の壬生《みぶ》城に到着、壬生城、宇都宮城をめぐって激しい攻防戦が繰り広げられ、四月二十三日、宇都宮城は新政府

土方歳三
（国立国会図書館「近代日本人の肖像」より）

軍に奪還された。

土方は、この日の戦闘で足指に銃創を負った。

――コノ戦ニ土方歳三足ノ指ヲ傷ツキシガ、早ク城中ヲ出テ会津ヲ指シテ退キタリ（『桑名藩戦記』）――。

土方がどの時点で負傷したのか、詳しい状況は不明だが、桑名藩一番隊を率いて城内に援軍として入った後の出来事であったと考えられる。

この日の戦闘では、秋月登之助も負傷、土方と共に戦線を離脱。新撰組隊士ほか数名が介護に付き、二人は今市に後送されたのである。

そして、土方一行は会津へ出立した。四月二十六日、田島陣屋着。ここで秋月と別れる。その前日、近藤勇が板橋で斬首されているが、土方がそれを知る由もない。

六人の隊士と共に会津西街道を採った土方は、四月二十九日、会津城下七日町の清水屋に投宿した。

土方は、北へ、北へと進んでいく。この後も、会津から仙台へ、仙台から箱館へと、北へ向かうことになる。

それは、敗走に敗走を重ねているようにみえる。事実、それは敗走であろう。しかし、この男が北へ向かうほど、その姿が光彩を放つように感じるのは何故であろうか。

土方は、会津で傷の回復を図った。しかし、会津における土方の動きには、不明な点が多いのだ。

土方は、四月二十九日に会津城下の旅宿清水屋に入った。そして、はっきりしているることは、八月二十二日に会津を発ち、九月三日の仙台城での奥羽越列藩同盟の軍議に榎本武揚たちと共に参加していることである。

そして、明瞭に述べることのできることの一つは、新撰組が会津において合流したということだ。

遡れば、新撰組が甲陽鎮撫隊《こうようちんぶたい》として敗走して以来、二か月が経っていた。あの敗北直後、斎藤一が傷病兵を率いて先に会津に入った。そして、本体は安富が率いて、四月四日に流山を発って、会津に入った。そして、土方が六名の隊士を従えて会津入りしたのである。かくして新撰組は、二か月ぶりに会津で合流したのである。これを、便宜上「会津新撰組」と呼ぶことにする。

会津新撰組は、斎藤一改め山口次郎が隊長を務めた。副長安富才助、歩兵頭取近藤隼雄、軍目付島田魁、同じく久米部正親といった面々を幹部とする百名を超える集団となった。

しかし、会津新撰組は、会津戦争終盤で再び分裂する。それは、これまでの分裂劇とは違った要因に因るもので、土方派と山口派の食い違いという言い方ができるかも知れない。それは、決して生々しい反目ではなく、ひと言でいえば、会津か幕府かという対立なのだ。

即ち、自分たちは何に殉ずるのかという、戦う者同士の目的意識のずれといってもいいだろう。

土方派に入る者は、旧幕府への忠誠に殉じようとする者であり、山口派は、動乱の京都以来の会津藩の恩義に報いようとする者たちであった。言い換えれば、忠義か、恩義かという対立、溝といえるだろう。

幕府あっての藩ではあるが、そのようなことは誰もが分かっている。これは、理屈で生まれた溝ではなく、心情がもたらした揺れとでもいうべきものなのだ。

会津という土地は盆地である。会津五口と言われる出入国口は、越後口（北陸道）、日光口（会津西街道）、大平口、白河口（共に奥州街道）、米沢口（米沢街道）であるが、実際にはそれを上回る十数通りの入国ルート、即ち、峠が存在する。これに対応すべく、会津藩は兵を各口に分散配備せざるを得なかった。

厄介なことに、例えば土方が重視した大平口は白河方面に通じるルートであるが、ここだけでも数か所の峠があるのだ。会津藩は、この白川口防衛にかかり切りとなっていたのである。

土方の狙いは、北関東戦線の構築、具体的には宇都宮城奪還にあった。土方の戦略構想と現実の会津藩の防衛戦術との間に、乖離が生じていたのではないだろうか。

七月十日、土方は伝習第一大隊総督に就任する。元幕府若年寄・陸軍奉行、列藩同盟軍事総裁竹中重固の意向を反映したものである。竹中は、鳥羽伏見で前線を放棄して逃亡し、処分を受けながらもこんなところで生きていたのだ。土方は、会津新撰組などを合兵し、「土方部隊」を編成した。

また、列藩同盟の盟主仙台藩は、七月に入るとしきりに土方の仙台入りを働きかけてきたのである。土方は、まず仙台藩に洋式調練を施すために、伝習第一大隊半隊を派遣した。今や伝習隊は、土方という指揮官を得て輝きを放つ存在となっていたのだ。

土方、大鳥に率いられた伝習隊を含む幕府歩兵隊。彼らには、徳川に対する忠義や勤皇の志など全くない。大事なものは給料と指揮官であった。

そんな歩兵同士には、敵味方であっても憎悪の感情はなかった。弾薬補給の間に空いた時間ができると「休戦」し、塹壕《ざんごう》を出て「そっちの給料は幾らだ」などと語り合ったという。つまり、「歩兵」は彼らにとって生きるための仕事であったのだ。

指揮官は大事であった。その優劣は自分の命に関わるのだ。

不思議なことに、大鳥という男は実戦が実に下手であった。追悼文にさえ、「配下を派して戦はすと不思議に勝つ。自分が出ると必ず負ける」と書かれたほどである。しかし、荒くれの歩兵ほど彼を慕ったようなのだ。

元はといえば多摩の百姓であった土方は、組織戦が上手かった。近代陸軍歩兵戦の指揮を、彼はどこで身に付けたのであろうか。

彼らに指揮された幕府歩兵隊こそ、徳川近代が紛れもなく「近代」として存在したことを物語っているのではないだろうか。

あとがきに代えて
今こそ学ぶべき「江戸」という価値観

改めて、明治維新という出来事は、民族として大きな過ちであった。「徳川近代」という時代の存在を考え、それを支えた幕臣官僚の足跡を辿るという作業を行っていると、それは確信となって私の歴史心理の重石《おもし》となっていることを感じるのである。

これが一度も検証されることなく、百五十年以上も続くと社会はどうなるか。

今、私たちが「日常」を営んでいる会社や学校、街や村の姿……それは、テレビやSNS、Yahoo!ニュースなどが伝える表づらだけの情報で拡散されるのだが……このようになるのだ。

労働人口の減少、高齢化の進展、若年層や子供の体力・知力の低下、官僚の行政能力の著しい劣化、倫理観の喪失、経済的停滞等々…そして、何よりも恐ろしくなるほどの政治的貧困。

このような言葉で列挙すると、識者とかオピニオンリーダーなどと呼ばれる聡明な人たちのアカデミックな整理のようで、全く説得力がない。勿論、この整理は正しいのである。しかし、歴史は最終的にはアカデミックに整理されなければならないが、時に俗っぽく語る必要があるのだ。

例えば、明治維新という出来事を政治的に成立させたのは、天皇を神として崇《あが》め、如何なる論も許さない絶対的な存在とする思想である。いわゆる「天皇原理主義」であり、古学の流行に端を発したこのムーブメントが起きなければ、長州も薩摩も徳川から政権を奪うことは絶対できなかったのだ。

つまり、尊皇とか勤皇という「感情」が徳川政権を倒したのであって、勤皇と佐幕が戦争をして勤皇が勝ったから政権が替わったわけではないのだ。明治維新というものを突き詰めていくと、この「天皇」という問題に必ず行きつくのである。しかし、維新を語る時、「天皇制」にまで踏み込んだ識者はいただろうか。いないのだ。

天皇の存在について、神話の時代まで遡ってこれに触れ、江戸期になって天皇と幕府がどういう関係にあり、長州・薩摩が天皇をどのように利用したかなどをありのままに語ることを行った学者はいないのである。

何故《なぜ》なら、それをやると右翼国粋主義者の異常な怒りの対象となるからである。

かつて、大宅壮一氏が天皇を取り巻く女官たちの世界、つまり宮中の組織や慣習と将軍家の大奥の組織・慣習を平易に比較して著書としたことがある。それによると、両者は酷似しているのである。俗っぽい興味を抱く人の期待を裏切らないようなこの著作は、令和の今ではとても世に出せないであろう。

徳川幕府を倒して成立した明治近代（明治～令和）の我が国は、その前半においては天皇原理主義に犯された国粋軍国主義社会となり、侵略戦争に明け暮れた感がある。近年、世界的に盛り上がっているナショナリズムという風潮を「時代の気分」として意識すれば、侵略戦争という表現を使うと、それだけでまたヒステリックに反撥する攻撃的な怒りが押し寄せてくるであろうが、明治近代の対外戦争がすべて侵略を伴っていることは、紛れもない史実である。

そもそも「他人の芝生を踏む」ことが近代戦争の目的だとすれば、このことは当然といってもいいわけで、戦争を論じて侵略か否かを論争すること自体が本来ナンセンスというものであろう。

ところが、先の平成という時代は明治近代になって初めてのことであるが、一切対外戦争に乗り出すということがなかった。乗り出せなかっただけだとする主張もあるだろうが、現実に戦争とは無縁の時代であったことを否定することはできない。

殊更強調することでもないとする思いが大勢であろうが、私には明治近代の終焉と新しい時代の幕開きの到来を感じさせるものとして、時代が新たな次元の対応を迫ってきているように思えるのだ。

即ち、いよいよ明治維新という過ちが生み出した明治近代という非日本的な時代を清算し、次の時代のグランドデザインを描く時が来ているのだ。

誰が、どういう方向観を以てそれを描くのか。難しさはこの点にあるのであって、今の行き詰まりの果てに希望を見出すことは決して難しいことではないのである。むしろ、心しておくべきことは、明治近代がそうであったように、グランドデザインを描けない社会は崩壊するという冷徹な事実を再確認することではないだろうか。

私たちは、逆のいいお手本ももっている。明治近代が全否定した江戸時代という、平和というものに至上の価値を置いた時代である。

江戸期日本とは、二百五十年にも及ぶ長期に亘《わた》って平和を維持したという稀有《けう》な時代であった。このような社会の存在は、人類史に例をみない。如何なる政治勢力も、この事実を否定することなどできようはずがないのだ。二百五十年にも及ぶ平和とは、それほど重いものである。

その最末期に現出した「徳川近代」という社会を、そのまま進化させることができていれば、我が国は天皇原理主義が支配する国粋軍国主義国家への道を歩むことはなかったのである。

最後の最後に「徳川近代」という、今日に直結する近代的要素を備えた時代を生んだ江戸時代という永い平和な時代は、薩摩・長州を核とする国粋軍国主義勢力によって、歴史の堆土に埋め去られてしまったままである。世界的にパラダイムシフトが円熟してきた今、私たちは先ずはこれを掘り起こす必要がある。

改めて確認しておきたいが、明治維新という出来事が犯した過ちの中で、特筆すべき過ちが二つある。一つが、天皇原理主義を生み出し、この思想で社会を染め上げたこと、今一つが、前時代を全否定したことである。

江戸という言葉は、今や単なる過去の一時代を表わす名称ではない。それは、社会システムの名称であり、価値観の名称でもある。このことは、西欧文明とそれを誇示してきた西欧社会が「品格」というものを失った今、その西欧社会において明確に意識されていることである。

ところが、当の我が日本では、今なお薩長史観、或いは官軍史観と呼ばれる歴史観に何ら修正を加えようとせず、敗戦直後の日本社会を支配したマルクス主義史観を否定することのみで了とし、一部に矮小な保守主義がはびこるだけの社会となった感がある。

近代日本の悪しき特性は、絶えず極論から極論へぶれることではなかったか。昭和二十年八月十六日以降は、突如「民主主義」国家となり、マルクス主義史観全盛がもたらした自虐史観と呼ばれる歴史観が猛威を振るった。令和という時代に入った今、その火勢はやや衰えたもののまだ完全に鎮火したとは思えない。

極論から極論へぶれるだけの社会に必要なことは、健全な「議論」が許容されることであろう。昭和維新と明治維新の動乱時に横行した「問答無用」というスタンスと行動だけは、断じて容認してはならないのだ。

一つ、二つ考察事例を挙げておくと、例えば「自律的な人口増加」ということに関わることであるが、江戸期に間引きが全くなかったわけではない。しかし、現代でも生きている「一姫二太郎」という子供のもち方についていえば、乳幼児死亡率の高かった江戸社会において、姉がいる場合は下の子供の死亡率が明らかに低下していたのだ。つまり、「一姫二太郎」には合理的な根拠があったことになり、江戸人はこのことを経験的に知っていたと考えられるのである。

同じように乳幼児死亡の防止に関して、元禄期には既に母乳哺育が奨励されていた。母親自身が授乳することは排卵を妨げることに繋がり、次の妊娠を遅らせることになるのだ。結果的に年子を防ぐことになり、母体にとっても子供の成育にとっても好ましい結果をもたらすことになる。現代の発展途上国で政策として推進されていることを、江戸人は既に気づいて実践していたことになる。

結論的に重要なことは、江戸の平和は偶々《たまたま》二百五十年続いたのではなく、明確な国家の意思がそれを実現させたという点である。そして、キリスト教国の侵出に対する安全保障政策として閉鎖体制を採り、その中で独自の経済的発展を実現させたということだ。更に、これらを可能にした基盤の価値観が確固として存在したことを最後に指摘しておかなければならない。

それは、人間も自然の一部であるとする考え方である。この考え方は、現在支持されている「自然との共生」という思想とは、全く異なるものである。自然と人間を対等な位置に置くのが「共生」であろうが、江戸人は自然を上位に位置づけ、人間はその一部に過ぎないとした。この思想が、閉鎖体系の中でも資源の循環利用を実現させせたことは疑うべくもないのだ。

西欧人にとって自然とは、「征服」するものである。江戸人にとっては、人間は自然の一部であった。山には山の神様がいて、川には川の、峠には峠の神様がいる。京都冷泉家には、今も疱瘡《ほうそう》の神様を祀る儀式が受け継がれている。病気にすら神様が存在したのだ。文字通り、自然を司る八百万《やおよろず》の神々が人と共に生きていたのである。

ここでいう神様とは、キリスト教徒のいう神＝GODとは、全く異なるものである。為政者がいう「天道」という考え方、庶民がいう「お天道様」という言葉。これらはすべて、人間も自然の一部に過ぎないという、自然を崇拝する伝統的な心情から生まれたものなのだ。このことは、宗教と哲学の違いといってもいいだろう。

日本人の日本人たる所以《ゆえん》、即ち、日本人のアイデンティティとは、この自然観から生まれていたはずである。「徳川近代」を創り上げた幕臣官僚たちも、このアイデンティティの上に武家の精神文化を熟成させて天下国家の行く末をデザインしたのである。

私たちは、そろそろ明治維新の負の遺産である「西欧人から借りた眼鏡」で見ることをやめ、徳川近代人のように自分たち独自の目でものを見る時期に差しかかっているのではないだろうか。

主な参考引用文献・資料（順不同）

氷川清話　勝 海舟（講談社学術文庫　講談社）

幕末の江戸風俗　塚原渋柿園（岩波文庫　岩波書店）

幕末外交談　田辺太一（東洋文庫　平凡社）

幕末政治家　福地桜痴（岩波文庫　岩波書店）

京都守護職始末　山川 浩（東洋文庫　平凡社）

赤松則良半生談　赤松則良（東洋文庫　平凡社）

長崎海軍伝習所の日々　カッテンディーケ（東洋文庫　平凡社）

ペリー提督日本遠征記（上・下）　M・C・ペリー（KADOKAWA）

日本滞在記　上　タウンゼント・ハリス（岩波文庫　岩波書店）

英国外交官の見た幕末維新　A・B・ミットフォード（講談社学術文庫　講談社）

大君の都（上・中・下）　R・オールコック（岩波文庫　岩波書店）

「鎖国」という外交　ロナルド・トビ（小学館）

江戸参府旅行日記　ケンペル（東洋文庫　平凡社）

海国日本の夜明け―オランダ海軍ファビウス駐留日誌　ファビウス（思文閣出版）

岩倉公實記　上巻・中巻・下巻　（原書房）

大西郷全集　第一巻・第二巻・第三巻　大西郷全集刊行會（平凡社）

島津斉彬言行録　（岩波文庫　岩波書店）
松平春嶽全集　松平慶永（原書房）
西郷南洲逸話（尚友ブックレットNo.9収録）　重野安繹（芙蓉書房出版）
有待庵を繞る維新史談（尚友ブックレットNo.9収録）　大久保利武（芙蓉書房出版）
墨夷応接録　江戸幕府とペリー艦隊の開国交渉　森田健司（作品社）
小栗上野介忠順と幕末維新　高橋敏（岩波書店）
小栗上野介　忘れられた悲劇の幕臣　村上泰賢（平凡社）
維新の翳　小栗上野介　上村翠（文藝書房）
覚悟の人　小栗上野介忠順伝　佐藤雅美（角川文庫　角川書店）
幕府歩兵隊　幕末を駆けぬけた兵士集団　野口武彦（中公新書　中央公論新社）
土方歳三の生涯　菊地明（新人物往来社）
箱館戦争と榎本武揚　樋口雄彦（吉川弘文館）
咸臨丸の絆　軍艦奉行木村摂津守と福沢諭吉　宗像善樹（海文堂出版）
咸臨丸航海長小野友五郎の生涯　藤井哲博（中公新書　中央公論社）
岩瀬忠震　小野寺龍太（ミネルヴァ書房）
幕末外交官―岩瀬忠震と開国の志士たち　岳　真也（作品社）
江戸湾海防史　淺川道夫（錦正社）
浦賀奉行所　西川武臣（有隣堂）

長崎海軍伝習所　藤井哲博（中公新書　中央公論社）

幕末の海軍　明治維新への航跡　神谷大介（吉川弘文館）

逆賊と元勲の明治　鳥海　靖（講談社学術文庫　講談社）

赤松小三郎ともう一つの明治維新　関　良基（作品社）

外国人が見た幕末・明治の日本　森田健司（彩図社）

明治六年政変　毛利敏彦（中公新書　中央公論新社）

大久保利通　毛利敏彦（中公新書　中央公論新社）

相楽総三とその同志　長谷川伸（講談社学術文庫　講談社）

秩禄処分　明治維新と武家の解体　落合弘樹（講談社学術文庫　講談社）

勝海舟と西郷隆盛　松浦　玲（岩波書店）

明治の国軍創設と兵士の反乱・農民の暴動　山崎善啓（創風社出版）

実録・天皇記　大宅壮一（だいわ文庫　大和書房）

英国公文書などで読み解く江戸無血開城の新事実　（山岡鉄舟研究会）

街道をゆく1　長州路　司馬遼太郎（朝日文庫　朝日新聞社）

街道をゆく14　南伊予・西土佐の道　司馬遼太郎（朝日文庫　朝日新聞社）

幕末　五人の外国奉行　土居良三（中央公論社）

幕末外交と開国　加藤祐三（講談社学術文庫　講談社）

世界を見た幕臣たち　榎本　秋（洋泉社）

遠い崖―アーネスト・サトウ日記抄　大政奉還　萩原延壽（朝日新聞社）
遠い崖―アーネスト・サトウ日記抄　江戸開城　萩原延壽（朝日新聞社）
遠い崖―アーネスト・サトウ日記抄　岩倉使節団　萩原延壽（朝日新聞社）
福澤諭吉著作集　丁丑公論　瘦我慢の説　福澤諭吉（慶應義塾大学出版会）
黒船以降　政治家と官僚の条件　山内昌之・中村彰彦（中央公論新社）
明治維新と幕臣「ノンキャリア」の底力　門松秀樹（中公新書　中央公論新社）
「朝敵」から見た戊辰戦争　水谷憲二（歴史新書　洋泉社）
廃仏毀釈百年　佐伯恵達（鉱脈社）
神々の明治維新　安丸良夫（岩波新書　岩波書店）
オランダ風説書と近世日本　松方冬子（東京大学出版会）
日本史有名人の身体測定　篠田達明（ＫＡＤＯＫＡＷＡ）
「鎖国」という言説　大島明秀（ミネルヴァ書房）
武器と防具　幕末編　幕末軍事史研究会（新紀元社）
江戸の旗本事典　小川恭一（ＫＡＤＯＫＡＷＡ）
国益の検証　日本外交の一五〇年　武田龍夫（サイマル出版会）
幕臣たちは明治維新をどう生きたのか　樋口雄彦（洋泉社）
明治憲法の思想　日本の国柄とは何か　八木秀次（ＰＨＰ新書　ＰＨＰ研究所）
幕末の朝廷　若き孝明帝と鷹司関白　家近良樹（中公叢書　中央公論新社）

「明治」という国家（上・下）　司馬遼太郎（日本放送出版協会）
「昭和」という国家　司馬遼太郎（日本放送出版協会）
この国のかたち（一～六）　司馬遼太郎（文藝春秋）
文明としての徳川日本　芳賀徹（筑摩書房）
文明としての江戸システム　鬼頭宏（講談社）
文明開化　失われた風俗　百瀬響（吉川弘文館）
逝きし世の面影　渡辺京二（平凡社）
「大東亜共栄圏」の思想　栄沢幸二（講談社現代新書　講談社）
「琉球処分」を問う　（新報新書　琉球新報社）
沖縄の自己決定権　琉球新報社（高文研）
琉球フォーラム　vol299　（琉球新報社）
小栗上野介顕彰会機関誌たつなみ第42号　（小栗上野介顕彰会）
軍国日本の興亡　猪木正道（中公新書　中央公論社）
坂の上の雲（一～六）　司馬遼太郎（文藝春秋）
日本人へ　国家と歴史篇　塩野七生（文春新書　文藝春秋）
高松宮と海軍　阿川弘之（中央公論社）
国家なき日本―戦争と平和の検証―　村上兵衛（サイマル出版会）

小学館文庫

小《お》栗《ぐり》上野介《こうずけのすけ》抹《まっ》殺《さつ》と消《け》された「徳《とく》川《がわ》近《きん》代《だい》」

幕臣《ばくしん》官僚《かんりょう》がデザインしたもう一《ひと》つの維新《いしん》

著者　原田伊織《はらだいおり》

二〇二三年十二月十一日　初版第一刷発行

発行人　大澤竜二
発行所　株式会社　小学館
〒一〇一-八〇〇一
東京都千代田区一ツ橋二-三-一
電話　編集〇三-三二三〇-五九〇一
　　　販売〇三-五二八一-三五五五
印刷所――TOPPAN株式会社

ISBN978-4-09-407316-4